全科プリント　小学4年

この本《ほん》の使《つか》い方《かた》

おうちの方《かた》と
いっしょに読《よ》みましょう。

★ 1枚《まい》が1回分《かいぶん》です。1枚ずつ切《き》り取《と》って使《つか》いましょう。

★ 1回分が終《お》わったら答《こた》え合《あ》わせをし，点数《てんすう》をつけましょう。

★ まちがえた問題《もんだい》は，やり直《なお》しましょう。
最初《さいしょ》から100点を取れることよりも，まちがえたところを理解《りかい》することのほうが大事《だいじ》です。

★ 「かくにんテスト」は，学習《がくしゅう》した内容《ないよう》をまとまりごとに復習《ふくしゅう》するテストです。

★ はってんマークのついている問題は，難《むずか》しい問題です。ちょう戦《せん》してみましょう。

★ 英語《えいご》のリスニング🎧マークのついている問題は，音声《おんせい》を聴《き》いて答える問題です。
おうちの人《ひと》のスマートフォン，またはタブレットPCを使って聴いてください。

おうちの方へ

★ 英語の音声再生アプリのご利用方法

スマートフォン，またはタブレットPCから
下記のURL，またはQRコードにアクセスしてください。
https://gakken-ep.jp/extra/myotomo/

※お客様のインターネット環境および携帯端末によりアプリをご利用できない場合や，音声をダウンロード・再生できない場合，当社は責任を負いかねます。ご理解，ご了承いただきますよう，お願いいたします。アプリは無料ですが，通信料はお客様のご負担になります。

★ 答え合わせについて

まちがえた問題は，お子さまが理解できるまで指導してあげてください。
答えのページにある アドバイス を指導の参考にしてください。

★ はってんマークのついた問題について

はってんマークのついた問題は，学習指導要領の範囲をこえた，発展的な学習内容です。
教科書で扱っている発展内容を中心に掲載しています。

算数 1

大きい数

目標時間《もくひょう》 20 分

学習した日　　月　　日

名前

得点《とくてん》

100点 満点《まんてん》

答え ▶ 106ページ

1 次の数の読み方を漢字で書きましょう。　各《かく》5点【20点】

① 372610000

(　　　　　　　　)

② 500802904006

(　　　　　　　　)

③ 1700003060000

(　　　　　　　　)

④ 803190000702000

(　　　　　　　　)

2 次の数を数字で書きましょう。　各5点【20点】

① 四百七十一億《おく》五千万

(　　　　　　　　)

② 三千三十億八百二万九千

(　　　　　　　　)

③ 十六兆《ちょう》八十五億

(　　　　　　　　)

④ 七千一兆二百四億九百万三千

(　　　　　　　　)

3 次の数を数字で書きましょう。　各10点【40点】

① 1億を4こ，100万を9こあわせた数

(　　　　　　　　)

② 1兆を2こ，1億を5こ，1万を30こあわせた数

(　　　　　　　　)

③ 1億を750こ集めた数

(　　　　　　　　)

④ 1000億を20こ集めた数

(　　　　　　　　)

4 下の数直線について，問題に答えましょう。　各5点【20点】

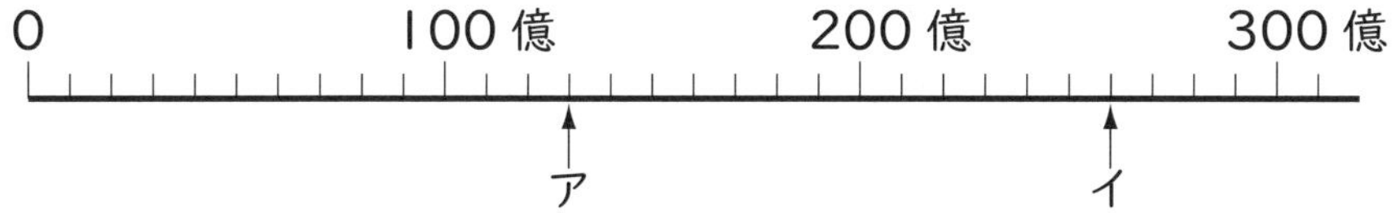

① 小さい1めもりはいくつを表していますか。

(　　　　　　　　)

② ア，イのめもりが表す数を書きましょう。

ア(　　　　　　)　イ(　　　　　　)

③ 180億を表すめもりに，↑をかきましょう。

算数 2

大きい数のしくみ

目標時間《もくひょうじかん》 20分

学習した日　月　日

名前

得点《とくてん》

100点満点《まんてん》

答え ▶ 106ページ

1 次の数を10倍した数と，$\frac{1}{10}$にした数を書きましょう。
各《かく》5点【20点】

① 49兆《ちょう》

10倍した数（　　　　　　）

$\frac{1}{10}$にした数（　　　　　　）

② 6000億《おく》

10倍した数（　　　　　　）

$\frac{1}{10}$にした数（　　　　　　）

2 0から9までの数字が1つずつ書かれた10まいのカードがあります。これらをならべて，10けたの整数をつくります。
各10点【20点】

0 1 2 3 4

5 6 7 8 9

① いちばん大きい数はいくつですか。

（　　　　　　）

② いちばん小さい数はいくつですか。

（　　　　　　）

3 次の和《わ》や差《さ》を求《もと》めましょう。
各6点【12点】

① 25億＋27億　　② 74兆－28兆

4 次の積《せき》や商《しょう》を求めましょう。
各6点【12点】

① 480万×2　　② 360億÷10

5 37×28＝1036を使って，次の計算をしましょう。
各6点【24点】

① 370×280　　② 3700×2800

③ 37万×28万　　④ 37億×28万

6 くふうして計算しましょう。
各6点【12点】

① 8400×60　　② 2800×7500

角

目標時間《もくひょうじかん》 20 分

学習した日　　月　　日

名前

得点《とくてん》

100点 満点《まんてん》

答え ▶ 106ページ

1 1直角＝90°です。□にあてはまる数を書きましょう。

各《かく》5点【20点】

① 半回転の角度は□直角で，□°です。

② 1回転の角度は□直角で，□°です。

2 次の角度をはかりましょう。

各5点【20点】

①

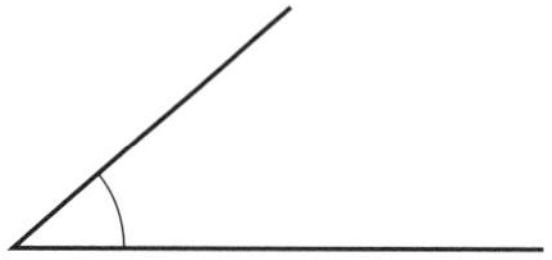

(　　　　)

②

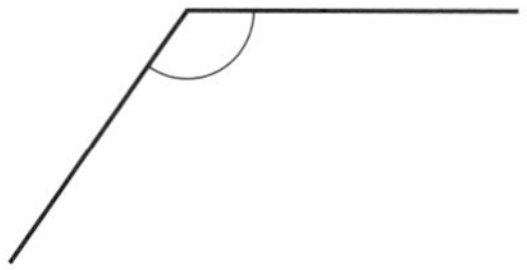

(　　　　)

③

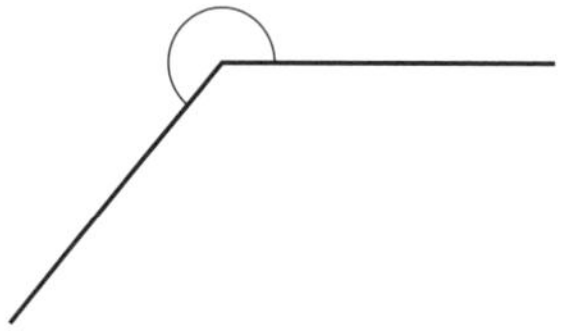

(　　　　)

④

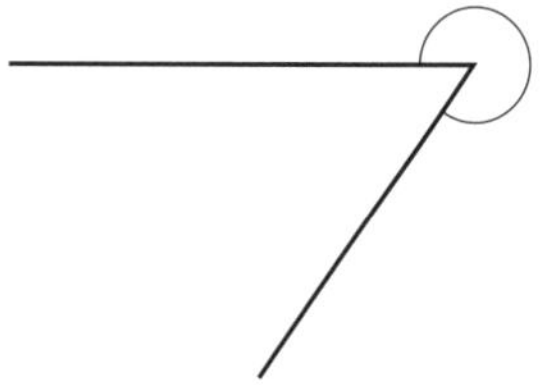

(　　　　)

3 下の図で，Ⓐ，Ⓘの角度はそれぞれ何度ですか。

各5点【10点】

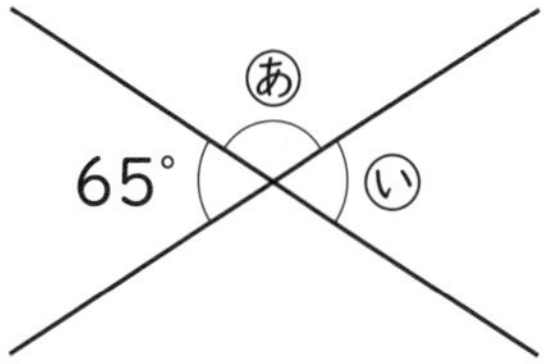

あ(　　　　)

い(　　　　)

4 次の大きさの角をかきましょう。

各10点【40点】

① 50°

② 140°

③ 245°

④ 330°

5 1組の三角じょうぎを，下のように組み合わせました。

あ，いの角度は何度ですか。

各5点【10点】

①

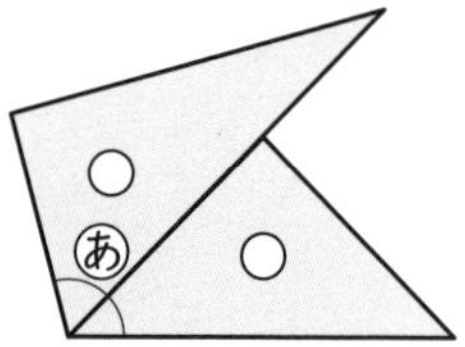

(　　　　)

②

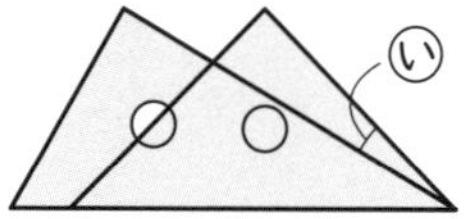

(　　　　)

算数 4

何十，何百のわり算

目標時間《もくひょう》 20分

学習した日　　月　　日

名前

得点《とくてん》

100点 満点《まんてん》

答え ▶ 106ページ

1 80÷2の計算のしかたを考えます。□にあてはまる数を書きましょう。　各《かく》2点【8点】

80を10が□こと考えて，8÷2＝□

この答えは10が□あることを表しているので，

80÷2＝□

2 計算をしましょう。　各4点【32点】

① 40÷2　　② 60÷3

③ 50÷5　　④ 80÷4

⑤ 600÷2　　⑥ 800÷4

⑦ 700÷7　　⑧ 900÷3

3 計算をしましょう。　各5点【50点】

① 120÷3　　② 160÷4

③ 480÷6　　④ 250÷5

⑤ 280÷4　　⑥ 320÷8

⑦ 540÷9　　⑧ 560÷7

⑨ 300÷5　　⑩ 400÷8

4 色紙が300まいあります。6人で同じ数ずつ分けると，1人分は何まいになりますか。　式5点，答え5点【10点】

（式）

答え ＿＿＿＿＿＿

算数 5

(2けた)÷(1けた)の筆算

目標時間《もくひょうじかん》 20 分

学習した日　月　日

名前

得点《とくてん》

100点 満点《まんてん》

答え ▷ 106ページ

1 計算をしましょう。

各《かく》5点【60点】

① $2\overline{)74}$　② $4\overline{)52}$　③ $3\overline{)87}$　④ $5\overline{)80}$

⑤ $4\overline{)54}$　⑥ $3\overline{)77}$　⑦ $6\overline{)87}$　⑧ $7\overline{)90}$

⑨ $2\overline{)85}$　⑩ $6\overline{)68}$　⑪ $9\overline{)96}$　⑫ $3\overline{)92}$

2 計算をしましょう。また，答えのたしかめもしましょう。

わり算5点，たしかめ5点【20点】

① $5\overline{)78}$

たしかめの式と計算

② $3\overline{)80}$

たしかめの式と計算

3 72ページあるドリルがあります。

式5点，答え5点【20点】

① 1日4ページずつすると，全部終わるのに何日かかりますか。

(式)

答え ＿＿＿＿

② 1日5ページずつすると，全部終わるのに何日かかりますか。

(式)

答え ＿＿＿＿

算数 6

(3けた)÷(1けた)の筆算①

目標時間《もくひょうじかん》 20 分

学習した日　月　日

名前

得点《とくてん》

100点 満点《まんてん》

答え ▶ 107ページ

1 計算をしましょう。　各《かく》5点【60点】

① 3)438　② 6)762　③ 2)931　④ 4)670

⑤ 8)894　⑥ 3)656　⑦ 5)850　⑧ 7)902

⑨ 9)927　⑩ 4)803　⑪ 3)812　⑫ 6)905

2 ある数を7でわったら，商《しょう》が129で，あまりが2でした。　式5点，答え5点【20点】

① ある数を求《もと》めましょう。

(式)

答え ＿＿＿＿＿＿

② ある数を4でわったときの答えを求めましょう。

(式)

答え ＿＿＿＿＿＿

3 次の問題に答えましょう。　式5点，答え5点【20点】

① 同じノートを6さつ買ったら，代金は780円でした。ノート1さつのねだんは何円ですか。

(式)

答え ＿＿＿＿＿＿

② 5mのリボンがあります。このリボンを4人で同じ長さずつ分けると，1人分は何cmになりますか。

(式)

答え ＿＿＿＿＿＿

算数 7

(3けた)÷(1けた)の筆算②

目標時間《もくひょう》 20分

学習した日　月　日

名前

得点《とくてん》

100点満点《まんてん》

答え ▶ 107ページ

算数

1 計算をしましょう。　各《かく》5点【60点】

① 2)174　② 6)453　③ 4)186　④ 3)238

⑤ 5)329　⑥ 7)406　⑦ 6)501　⑧ 9)600

⑨ 7)289　⑩ 4)329　⑪ 3)182　⑫ 8)405

2 右の筆算で，商《しょう》が2けたになるのは，□にどんな数を入れたときですか。□にあてはまる数を全部書きましょう。　全部できて【5点】

6)□57

(　　　　　　　　)

3 荷物が入った箱が126こあります。これを1台で8こ運べるトラックを使って運びます。一度に運ぶには，トラックは何台必要《ひつよう》ですか。　式5点，答え5点【10点】

(式)

答え ＿＿＿＿＿

4 同じジュースを4本買ったら，代金は300円でした。ジュース1本のねだんは何円でしょう。　式5点，答え5点【10点】

(式)

答え ＿＿＿＿＿

はってん

5 計算をしましょう。　各5点【15点】

① 3)5682　② 4)8507　③ 7)5259

算数 8

倍の計算

目標時間《もくひょう》 20 分

学習した日　月　日

名前

得点《とくてん》

100点 満点《まんてん》

答え ▶ 107ページ

1 赤，白，青の3本のテープがあります。3本のテープの長さは，右の図のようになっています。

式5点，答え5点【20点】

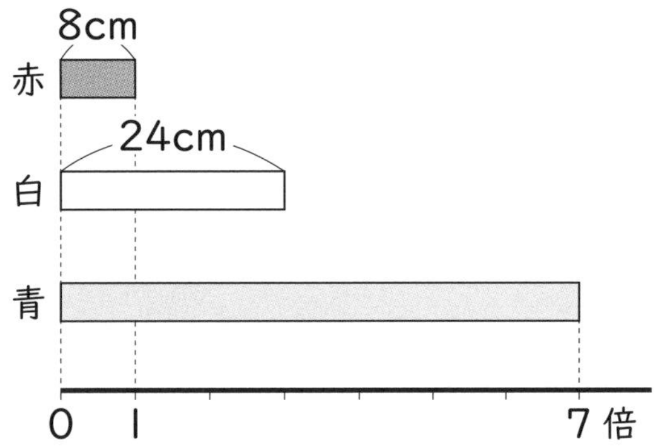

① 白いテープの長さは，赤いテープの長さの何倍ですか。

（式）

答え＿＿＿＿＿＿

② 青いテープの長さは，赤いテープの長さの7倍です。青いテープの長さは，何cmですか。

（式）

答え＿＿＿＿＿＿

2 大きいおもりの重さは75 gです。小さいおもりの重さは5 gです。大きいおもりの重さは，小さいおもりの重さの何倍ですか。

式10点，答え10点【20点】

（式）

答え＿＿＿＿＿＿

3 姉が持っているおはじきの数は54こで，妹のおはじきの数の6倍です。

①全部できて10点，②式5点，答え5点【20点】

① 妹のおはじきの数を○こととして，□にあてはまる数を書きましょう。

○×□＝□

② 妹のおはじきの数は何こですか。

（式）

答え＿＿＿＿＿＿

4 ふゆきさんのおじいさんの年令《ねんれい》は84才で，ふゆきさんの年令の7倍です。ふゆきさんの年令は，何才ですか。

式10点，答え10点【20点】

（式）

答え＿＿＿＿＿＿

5 テレビとうの高さは128 mで，これはデパートの高さの4倍です。デパートの高さは，学校の高さの2倍です。

式5点，答え5点【20点】

① テレビとうの高さは，学校の高さの何倍ですか。

（式）

答え＿＿＿＿＿＿

② 学校の高さは何mですか。

（式）

答え＿＿＿＿＿＿

かくにんテスト①

目標時間《もくひょうじかん》 20分

学習した日　　月　　日

名前

得点《とくてん》

100点満点《まんてん》

答え ▶ 107ページ

1 右の数について答えましょう。　419503928060000

各《かく》6点【18点】

① 4は，何の位《くらい》の数字ですか。

(　　　　　)

② 3は，何が3こあることを表していますか。

(　　　　　)

③ 上から3けためのりは，上から7けためのりの何倍の大きさを表していますか。

(　　　　　)

2 計算をしましょう。

各5点【40点】

① 3)78　② 6)94　③ 4)70　④ 7)73

⑤ 5)874　⑥ 3)485　⑦ 8)509　⑧ 9)632

3 下のような三角形をかきましょう。

【10点】

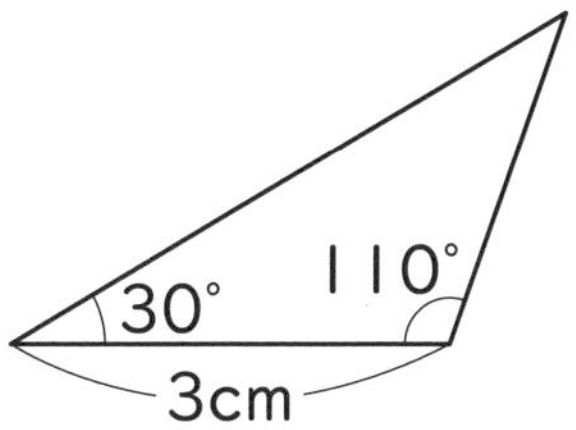

4 右の図で，あ，いの角度はそれぞれ何度ですか。

各6点【12点】

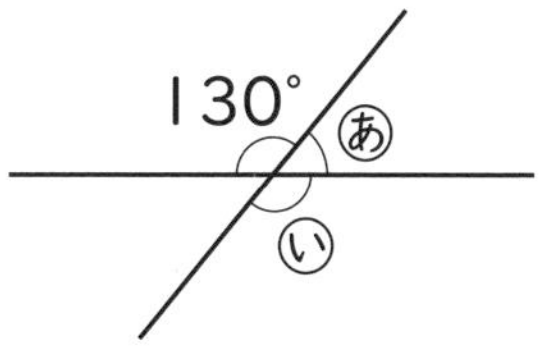

あ(　　　　)　い(　　　　)

5 350まいの色紙を，6つのはんで同じ数ずつ分けます。1つのはんの色紙の数は何まいになり，何まいあまるでしょう。

式5点，答え5点【10点】

(式)

答え

6 スケッチブックのねだんは，ノートのねだんの4倍で，900円です。ノートのねだんは何円でしょう。

式5点，答え5点【10点】

(式)

答え

垂直《すいちょく》と平行

学習した日　月　日

名前

得点《とくてん》

100点満点《まんてん》

答え ▶ 108ページ

1 右の図で，垂直《すいちょく》な直線はどれとどれですか。また，平行な直線はどれとどれですか。それぞれ2組ずつ，㋐〜㋗の記号で答えましょう。　各《かく》5点【20点】

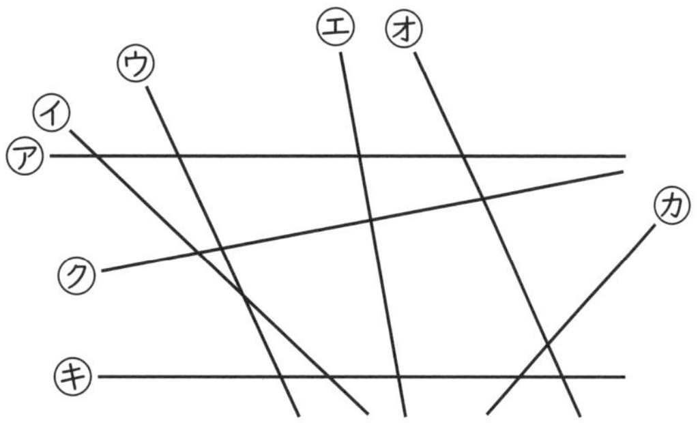

① 垂直な直線

（　　と　　）（　　と　　）

② 平行な直線

（　　と　　）（　　と　　）

2 次の直線をかきましょう。　各10点【20点】

① 点A《エー》を通り，㋐の直線に垂直な直線。

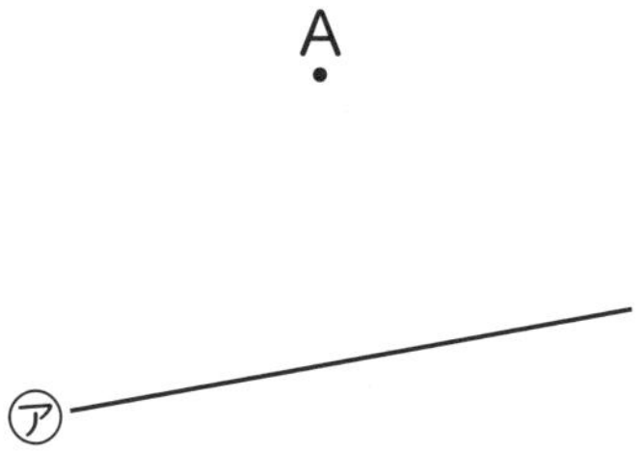

② 点B《ビー》を通り，㋑の直線に平行な直線。

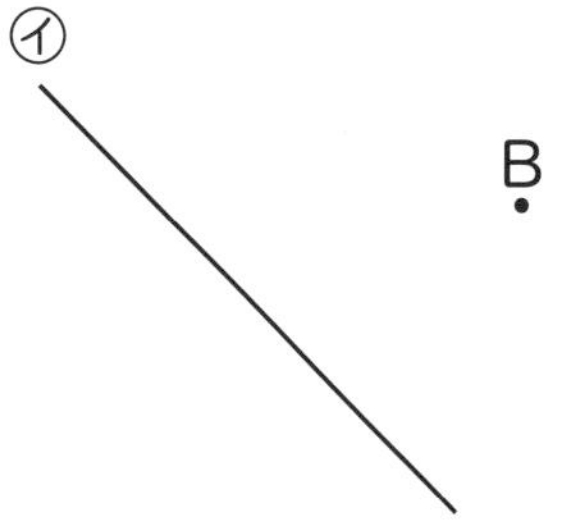

3 右の図の直線㋐と㋑は平行です。　①各5点，②10点【20点】

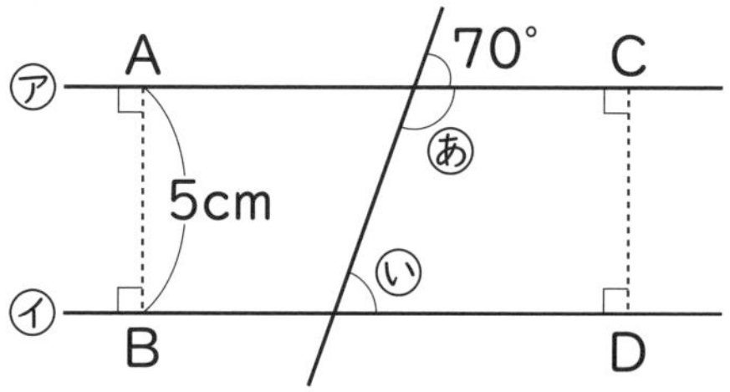

① (あ)，(い)の角度はそれぞれ何度ですか。

(あ)（　　　）(い)（　　　）

② 直線CD《シーディー》の長さは何cmですか。

（　　　）

4 右の図は，2つの長方形を合わせた形です。次の直線を全部書きましょう。　各10点【20点】

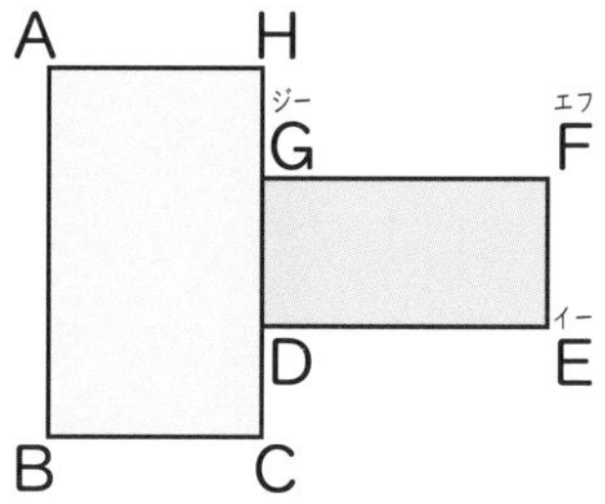

① 直線HC《エイチ》に平行な直線

（　　　）

② 直線ABに垂直な直線

（　　　）

5 1組の三角じょうぎを使って，たて2 cm，横4 cmの長方形を完成《かんせい》させましょう。　【20点】

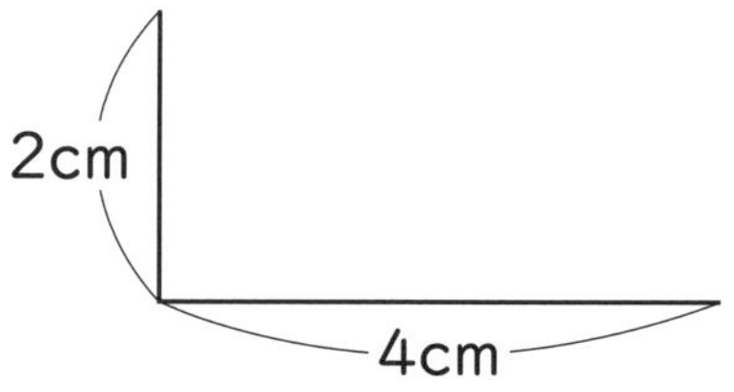

算数 11

いろいろな四角形

目標時間《もくひょうじかん》 20 分　学習した日　月　日　名前

得点《とくてん》　100点満点《まんてん》

答え ▶ 108ページ

算数

1 次の四角形にあてはまるものを，それぞれ[　　]の中から全部選《えら》んで，記号で答えましょう。 各《かく》7点【21点】

① 4つの辺《へん》の長さがみんな等しい四角形

（　　　　）

② 4つの角の大きさがみんな90°の四角形

（　　　　）

③ 向かい合った2組の角の大きさが等しい四角形

（　　　　）

㋐ 長方形	㋑ 正方形	㋒ 平行四辺形《へいこうしへんけい》
㋓ 台形《だいけい》	㋔ ひし形《がた》	

2 右の四角形ABCD《エービーシーディー》は，向かい合った2組の辺が平行になっています。 各7点【35点】

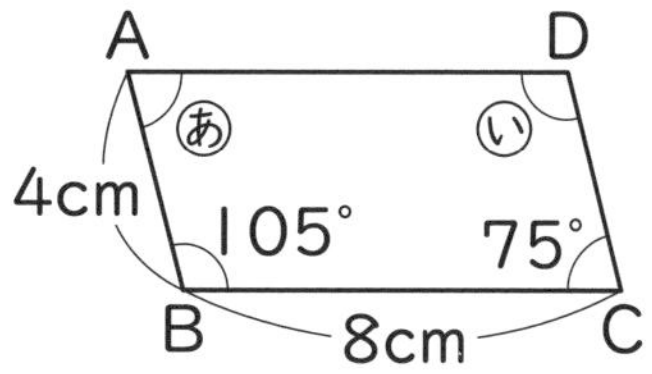

① この四角形は何という四角形ですか。

（　　　　）

② 辺AD，辺CDの長さはそれぞれ何cmですか。

辺AD（　　　　）　辺CD（　　　　）

③ あ，いの角度はそれぞれ何度ですか。

あ（　　　　）　い（　　　　）

3 下のような平行四辺形をかきましょう。 【14点】

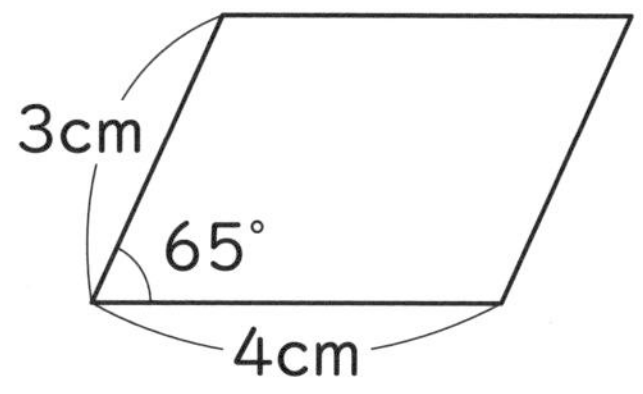

4 右のひし形について，次の問題に答えましょう。 各7点【14点】

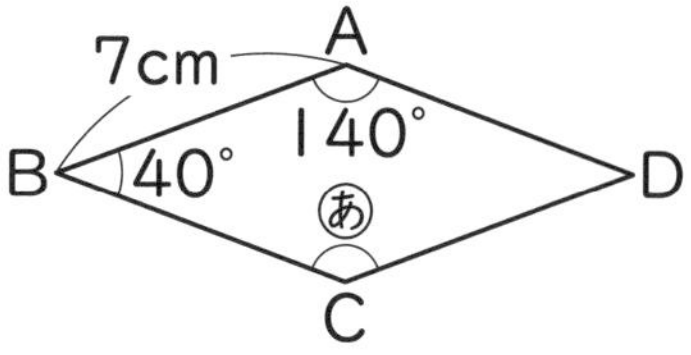

① このひし形のまわりの長さは何cmですか。

（　　　　）

② あの角度は何度ですか。

（　　　　）

5 2本の対角線《たいかくせん》が，下のように交わっている四角形は，何という四角形ですか。 各8点【16点】

①

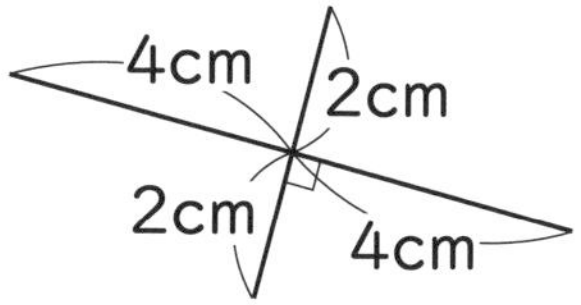

②

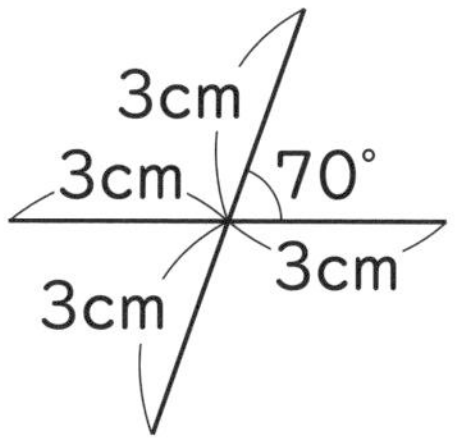

（　　　　）　（　　　　）

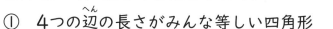

折《お》れ線《せん》グラフの読み方

目標時間《もくひょう》 20分

学習した日　月　日

名前

得点《とくてん》

100点満点《まんてん》

答え ▶ 108ページ

1 下の折《お》れ線《せん》グラフは，1日の気温の変《か》わり方を表したものです。

各《かく》10点【50点】

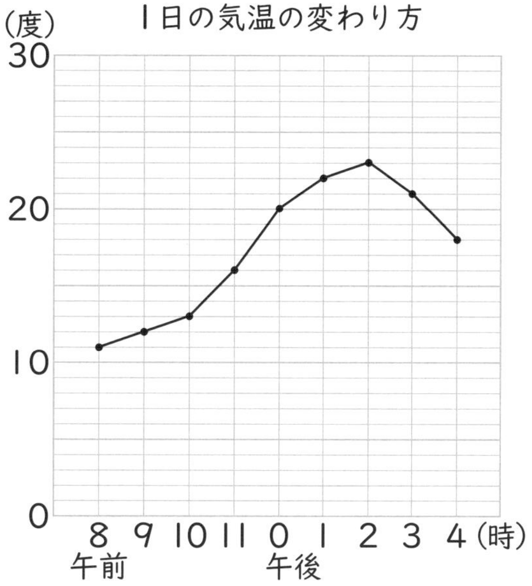

① たてのじくの1めもりは何度を表していますか。

(　　　　　)

② 午前10時の気温は何度ですか。

(　　　　　)

③ 気温がはじめて15度をこえたのは何時ですか。

(　　　　　)

④ 気温がいちばん高いときと低《ひく》いときでは，何度ちがいますか。

(　　　　　)

⑤ 気温の上がり方がいちばん大きかったのは，何時と何時の間ですか。

(　　　　　)

2 下のグラフは，京都《きょうと》市の1年間の気温とこう水量《りょう》を表したものです。□にあてはまる数を書きましょう。

①〜③各7点，④8点【50点】

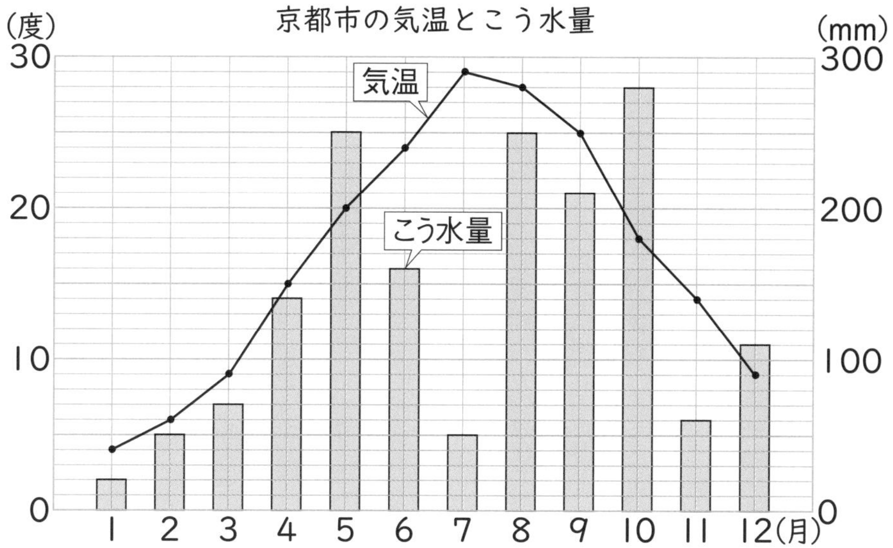

① 4月の気温は□度で，こう水量は□mmです。

② 気温がいちばん高いのは□月で，□度です。

③ こう水量がいちばん多いのは□月で，□mmです。

④ こう水量がいちばん多い月と少ない月では，□mmちがいます。

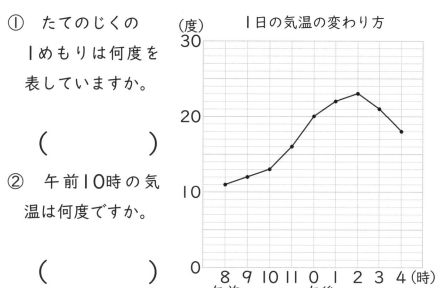

算数 13

折《お》れ線《せん》グラフのかき方

目標時間《もくひょう》 20 分

学習した日　　月　　日

名前

得点《とくてん》

100点満点《まんてん》

答え ▶ 108ページ

1 下の表は，福岡《ふくおか》市の1年間の気温の変《か》わり方を調べたものです。これを折《お》れ線《せん》グラフに表します。

①各《かく》5点，②10点，③25点，④5点【50点】

1年間の気温の変わり方

月	1	2	3	4	5	6	7	8	9	10	11	12
気温（度）	6	9	11	16	21	24	29	29	25	19	15	11

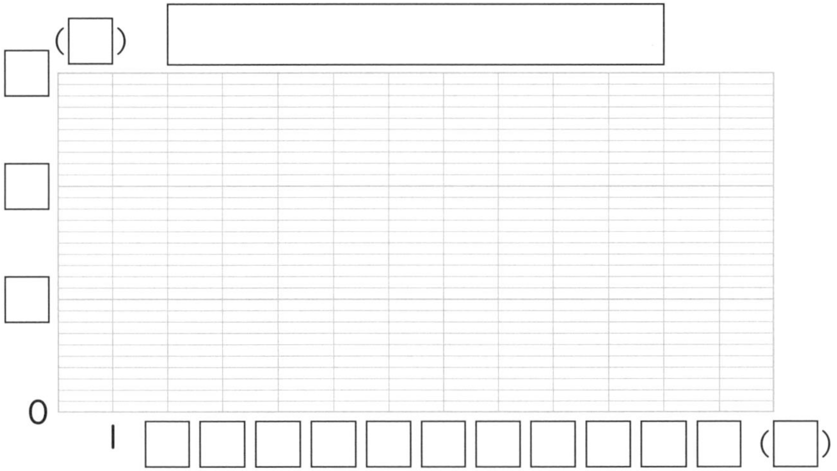

① 横のじく，たてのじくには，それぞれ何をとりますか。

横のじく（　　　　　），たてのじく（　　　　　）

② 横のじく，たてのじくに，数と単位《たんい》を書きましょう。

③ それぞれの月の気温を表すところに点をうち，点を直線でつなぎましょう。

④ 表題《ひょうだい》を書きましょう。

2 下の表は，ひとしさんの身長の変わり方を調べたものです。

①30点，②③各10点【50点】

ひとしさんの身長の変わり方

年令《ねんれい》（才）	身長（cm）
5	112
6	114
7	117
8	120
9	124
10	128
11	133

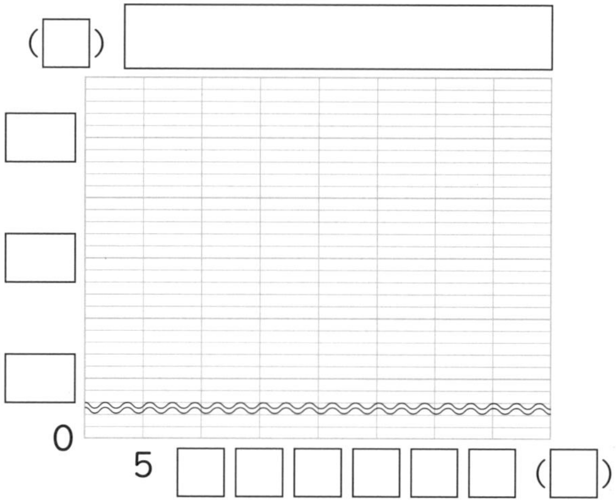

① ひとしさんの身長の変わり方を折れ線グラフに表しましょう。

② 8才から9才までに，身長は何cmのびましたか。

（　　　　　）

③ 身長ののび方がいちばん大きかったのは，何才と何才の間ですか。

（　　　　　）

算数 14

小数の表し方としくみ

目標時間《もくひょうじかん》 20 分

学習した日　月　日

名前

得点《とくてん》

100点満点《まんてん》

答え ▶ 109ページ

1 水のかさは何Lですか。　各《かく》5点【10点】

①

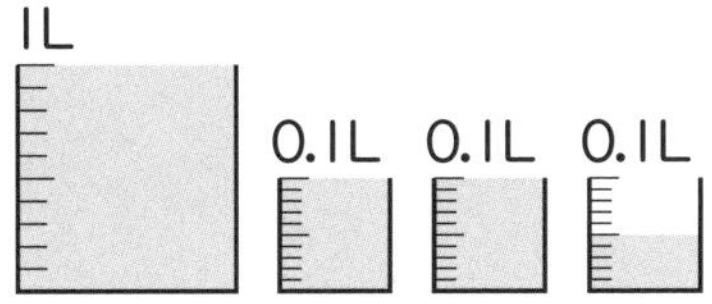

②

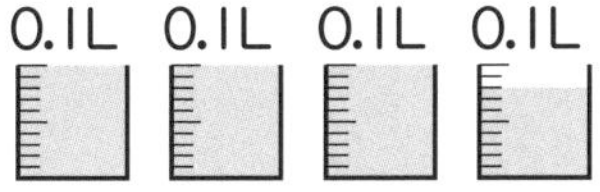

（　　　　）　（　　　　）

2 下の数直線を見て，次の問題に答えましょう。　各5点【20点】

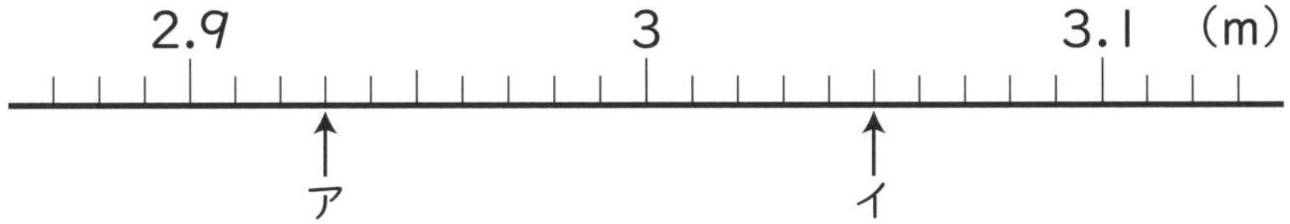

① ア，イのめもりが表す長さは何mですか。

ア（　　　　）イ（　　　　）

② 2.97 m，3.09 mを表すめもりに，↑をかきましょう。

3 次の長さや重さを，〔　〕の中の単位《たんい》で表しましょう。　各5点【20点】

① 2 m74 cm〔m〕　（　　　　）

② 813 m〔km〕　（　　　　）

③ 4905 g〔kg〕　（　　　　）

④ 60 g〔kg〕　（　　　　）

4 次の数を書きましょう。　各6点【24点】

① 6と0.14をあわせた数

（　　　　）

② 1を5こ，0.1を3こ，0.01を8こあわせた数

（　　　　）

③ 0.01を250こ集めた数

（　　　　）

④ 0.001を6743こ集めた数

（　　　　）

5 次の数を大きい順《じゅん》に書きましょう。　【8点】

0.5，0.45，4.5，4.05，0.504

（　　　　　　　　）

6 □にあてはまる数を書きましょう。　各6点【18点】

① 0.35を10倍にした数は□です。

② 6.2を100倍した数は□です。

③ 0.19を$\frac{1}{10}$にした数は□です。

算数

15 小数のたし算

目標《もくひょう》時間 20 分

学習した日　月　日

名前

得点《とくてん》

100点 満点《まんてん》

答え ▶ 109ページ

1 計算をしましょう。　各《かく》4点【36点】

① 3.24 + 2.63

② 5.73 + 1.79

③ 0.46 + 0.85

④ 2.93 + 4.57

⑤ 3.06 + 1.94

⑥ 74.62 + 5.38

⑦ 3.8 + 2.47

⑧ 6.54 + 8.5

⑨ 7 + 3.96

2 計算をしましょう。　各4点【24点】

① 1.583 + 5.764

② 0.675 + 2.849

③ 4.067 + 3.938

④ 6.375 + 1.975

⑤ 2.471 + 3.629

⑥ 4.5 + 0.738

3 水がポットに1.63 L，やかんに3.74 L入っています。水はあわせて何Lありますか。　式6点，答え6点【12点】

（式）

答え

4 重さが0.58 kgの箱に，みかんを5.46 kg入れました。全体の重さは何 kgになりますか。　式7点，答え7点【14点】

（式）

答え

5 たけしさんは，きのう2.35 km走りました。きょうはきのうよりも0.85 km長く走りました。たけしさんは，きょう何km走りましたか。　式7点，答え7点【14点】

（式）

答え

算数 16

小数のひき算

1 計算をしましょう。 各《かく》4点【36点】

① $\begin{array}{r} 6.47 \\ -\ 4.13 \\ \hline \end{array}$　② $\begin{array}{r} 3.52 \\ -\ 0.94 \\ \hline \end{array}$　③ $\begin{array}{r} 5.46 \\ -\ 4.79 \\ \hline \end{array}$

④ $\begin{array}{r} 7.03 \\ -\ 2.28 \\ \hline \end{array}$　⑤ $\begin{array}{r} 4.19 \\ -\ 1.5 \\ \hline \end{array}$　⑥ $\begin{array}{r} 6.5 \\ -\ 3.84 \\ \hline \end{array}$

⑦ $\begin{array}{r} 8 \\ -\ 2.97 \\ \hline \end{array}$　⑧ $\begin{array}{r} 5 \\ -\ 4.62 \\ \hline \end{array}$　⑨ $\begin{array}{r} 34 \\ -\ \ 7.05 \\ \hline \end{array}$

2 計算をしましょう。 各4点【24点】

① $\begin{array}{r} 6.425 \\ -\ 2.153 \\ \hline \end{array}$　② $\begin{array}{r} 3.142 \\ -\ 0.786 \\ \hline \end{array}$　③ $\begin{array}{r} 6.037 \\ -\ 5.394 \\ \hline \end{array}$

④ $\begin{array}{r} 7.24 \\ -\ 4.536 \\ \hline \end{array}$　⑤ $\begin{array}{r} 9.7 \\ -\ 2.428 \\ \hline \end{array}$　⑥ $\begin{array}{r} 6 \\ -\ 5.913 \\ \hline \end{array}$

3 ジュースが4.25 Lありました。何Lか飲んだら，残《のこ》りは1.38 Lになりました。何L飲みましたか。 式6点，答え6点【12点】

（式）

答え ＿＿＿＿＿＿

4 重さが0.93 kgのバケツに水を入れてはかったら，全体で5 kgありました。水の重さは何kgですか。 式7点，答え7点【14点】

（式）

答え ＿＿＿＿＿＿

5 マラソンコースの長さは42.195 kmです。このコースを選手《せんしゅ》たちが走っています。先頭の選手がスタート地点から32.75 kmの地点まで走りました。残りは何kmですか。 式7点，答え7点【14点】

（式）

答え ＿＿＿＿＿＿

かくにんテスト②

1 下の2つの折《お》れ線《せん》グラフは，それぞれ1日の気温と水温の変《か》わり方を表したものです。 各《かく》5点【25点】

① 午前10時の気温と水温はそれぞれ何度ですか。

気温（　　　　）
水温（　　　　）

② 気温と水温が等しくなったのは何時ですか。

（　　　　）

③ 気温と水温のちがいがいちばん大きいのは，何時で，ちがいは何度ですか。

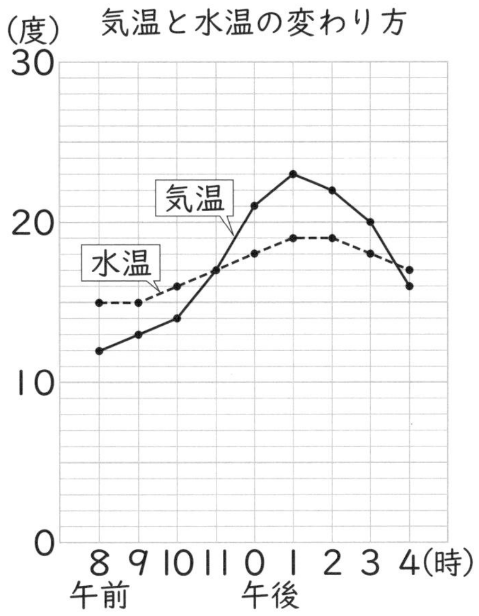

時こく（　　　　）
ちがい（　　　　）

2 右の図の直線㋐と㋑，直線㋒と㋓はそれぞれ平行《へいこう》です。㋕，㋖，㋗の角度を求《もと》めましょう。 各5点【15点】

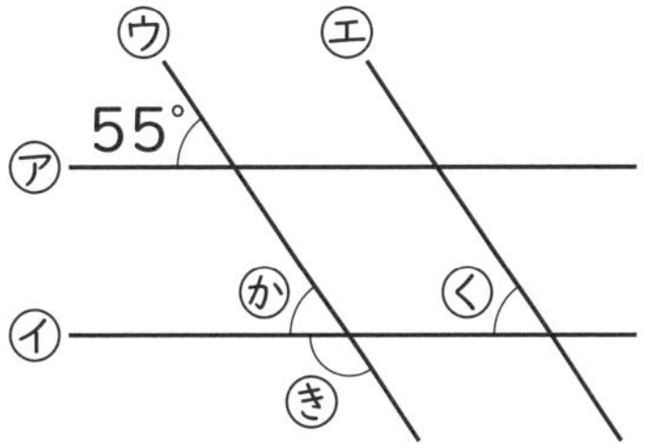

㋕（　　　　），㋖（　　　　），㋗（　　　　）

3 右の図のように，中心が同じ大小2つの円があります。直径《ちょっけい》のはしをA《エー》，B《ビー》，C《シー》，D《ディー》の順《じゅん》につなぐと，何という四角形ができますか。 【10点】

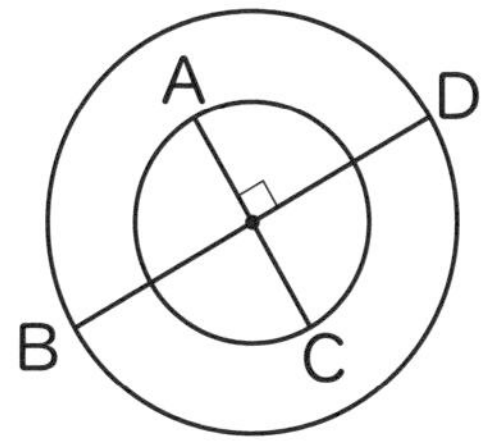

（　　　　）

4 □にあてはまる数を書きましょう。 各5点【20点】

① 1.6は0.01を□こ集めた数です。

② 0.001を480こ集めた数は□です。

③ 3.96を100倍した数は□です。

④ 7.02を$\frac{1}{10}$にした数は□です。

5 計算をしましょう。 各5点【30点】

① 2.75 + 6.48

② 3.47 + 1.93

③ 2.706 + 3.294

④ 8.01 − 2.69

⑤ 5.34 − 4.97

⑥ 6.2 − 5.307

算数 18

何十でわるわり算

目標時間《もくひょう》 20 分

学習した日 月 日

名前

得点《とくてん》

100点満点《まんてん》

答え ▶ 109ページ

1 130÷40の計算のしかたを考えます。□にあてはまる数を書きましょう。 各《かく》4点【20点】

10をもとにして考えると,

130は10が□こ
40は10が□こ
} 13÷4と商《しょう》が等しくなる。

13÷4 = 3あまり1 で,あまりの1は□が1こあることをしめしているから,

130÷40=□あまり□

2 計算をしましょう。 各5点【30点】

① 80÷20　② 180÷30

③ 150÷50　④ 360÷90

⑤ 300÷60　⑥ 560÷70

3 計算をしましょう。 各5点【30点】

① 190÷40　② 370÷50

③ 250÷30　④ 400÷60

⑤ 320÷70　⑥ 500÷80

4 色紙が400まいあります。 式5点, 答え5点【20点】

① この色紙を50まいの束《たば》に分けると,何束できますか。

(式)

答え ＿＿＿＿＿＿

② この色紙を90まいの束に分けると,何束できて,何まいあまりますか。

(式)

答え ＿＿＿＿＿＿

算数 19

2けたの数でわるわり算①

目標《もくひょう》時間 20 分

学習した日　月　日

名前

得点《とくてん》

100点 満点《まんてん》

答え ▶ 109ページ

1 計算をしましょう。　各《かく》5点【60点】

① 21)63　② 43)89　③ 12)49　④ 33)70

⑤ 32)91　⑥ 22)81　⑦ 13)50　⑧ 14)79

⑨ 29)93　⑩ 17)85　⑪ 26)80　⑫ 15)92

2 計算をしましょう。また，答えのたしかめもしましょう。

わり算5点，たしかめ5点【20点】

① 23)87　② 16)99

たしかめの式と計算

たしかめの式と計算

3 90このあめを，14人で同じ数ずつ分けると，1人分は何こになり，何こあまりますか。　式5点，答え5点【10点】

（式）

答え

4 ある数を13でわるのをまちがえて31でわったので，商《しょう》が2で，あまりが12になりました。正しい計算の答えを求《もと》めましょう。　式5点，答え5点【10点】

（式）

答え

算数 20

2けたの数でわるわり算②

目標時間《もくひょう》 20分

学習した日　月　日

名前

得点《とくてん》

100点満点《まんてん》

答え ▶ 110ページ

算数

1 計算をしましょう。　各《かく》5点【60点】

① 62)434　② 27)220　③ 78)395

④ 43)248　⑤ 12)111　⑥ 34)300

⑦ 53)636　⑧ 29)947　⑨ 31)702

⑩ 13)569　⑪ 46)493　⑫ 17)861

2 商《しょう》が，400÷50の商と等しくなる式はどれですか。記号で全部答えましょう。　全部できて【5点】

㋐ 40÷5　㋑ 100÷5　㋒ 200÷25

㋓ 400÷100　㋔ 800÷25　㋕ 800÷100

（　　　　　　）

3 くふうして計算しましょう。　各5点【15点】

① 70)350　② 30)500　③ 400)3000

4 かんづめが300こあります。これを12こずつ箱につめます。12こ入りの箱は何箱できますか。　式5点，答え5点【10点】

（式）

答え ＿＿＿＿

5 176ページの本を，1日24ページずつ読みます。何日で読み終わりますか。　式5点，答え5点【10点】

（式）

答え ＿＿＿＿

算数 21

整理のしかた

目標時間《もくひょうじかん》 20 分

学習した日　　月　　日

名前

得点《とくてん》

100点 満点《まんてん》

答え ▶ 110ページ

1 下の表は，けがの種類《しゅるい》とけがをした場所について調べ，整理しているところです。 各《かく》10点【50点】

けがの種類とけがをした場所（人）

種類＼場所	教室	校庭	体育館	ろう下	合計
すりきず	丅　2	正丅	𠀎	一	
打ぼく	一	𠀎	正	丅	
切りきず	下	正	丅	下	
ねんざ		丅	𠀎	一	
つき指		𠀎	正一		
合計					

① 校庭でねんざをした人は何人ですか。（　　　　）

② どの種類のけががいちばん多いですか。

（　　　　）

③ けがをした人がいちばん多い場所はどこですか。

（　　　　）

④ 人数がいちばん多いのは，どこで，どんなけがをした人ですか。

場所（　　　　），種類（　　　　）

⑤ けがをした人は全部で何人ですか。

（　　　　）

2 下の表は，イヌとネコのすききらいを調べたものです。○はすき，×はきらいを表しています。 ①各5点，②6点【26点】

イヌとネコのすききらい調べ

番号	1	2	3	4	5	6	7	8	9	10	11	12
イヌ	×	○	○	○	×	×	○	×	○	×	○	×
ネコ	○	×	○	×	×	○	○	○	×	×	○	○

① 右の表の㋐～㋓にあてはまる数を書きましょう。

イヌとネコのすききらい調べ(人)

		ネコ	
		すき	きらい
イヌ	すき	㋐	㋑
	きらい	㋒	㋓

② ネコがすきな人は，全部で何人ですか。

（　　　　）

3 右の表は，ある学校の4年生の人数を，組と男女別《べつ》にまとめたものの一部です。㋐～㋕にあてはまる数を書きましょう。 各4点【24点】

4年生の人数（人）

	男	女	合計
1組	19	㋐	37
2組	㋑	20	38
3組	㋒	17	㋓
合計	56	㋔	㋕

算数

22 計算のきまり

目標時間《もくひょうじかん》 20 分

学習した日　月　日

名前

得点《とくてん》

100点 満点《まんてん》

答え ▶ 110ページ

1 計算をしましょう。　各《かく》4点【24点】

① $150-(40+30)$　② $200-(90-40)$

③ $(14+9)\times8$　④ $6\times(73-48)$

⑤ $(510-160)\div70$　⑥ $540\div(17+43)$

2 計算をしましょう。　各4点【24点】

① $87-12\times5$　② $18+36\div9$

③ $32-24\div4\times3$　④ $40\times3-15\times7$

⑤ $35+5\times(14-6)$　⑥ $48\div(20-2\times6)$

3 くふうして計算しましょう。　各5点【30点】

① 102×9　② 97×23

③ $74+89+26$　④ $5.7+0.8+3.2$

⑤ $25\times49\times4$　⑥ $7\times8\times125$

4 次の問題を1つの式に表して，答えを求《もと》めましょう。　式6点，答え5点【22点】

① 男子が12人，女子が13人います。200まいの色紙を，みんなで同じ数ずつ分けると，1人分は何まいになりますか。

(式)

答え ＿＿＿＿＿＿

② 1さつ200円のノートを3さつと，1ダース900円のえん筆を半ダース買いました。代金は何円ですか。

(式)

答え ＿＿＿＿＿＿

面積《めんせき》①

目標時間《もくひょう》 20 分

学習した日　月　日

名前

得点《とくてん》

100点 満点《まんてん》

答え ▶ 110ページ

1 次の色をぬった部分の面積《めんせき》は何cm^2ですか。　各《かく》6点【18点】

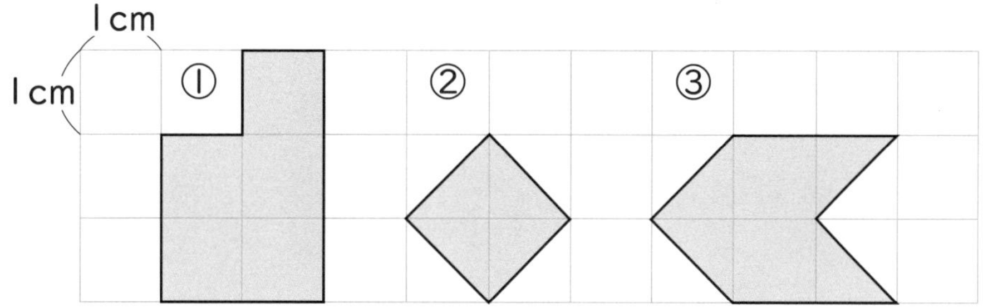

①(　　　)　②(　　　)　③(　　　)

2 次の長方形や正方形の面積を求《もと》めましょう。　式5点，答え5点【40点】

①

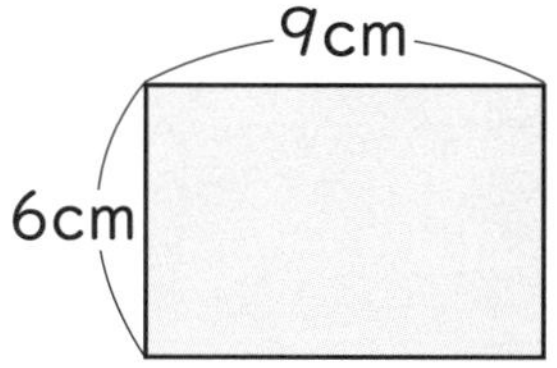

(式)

答え＿＿＿＿

②

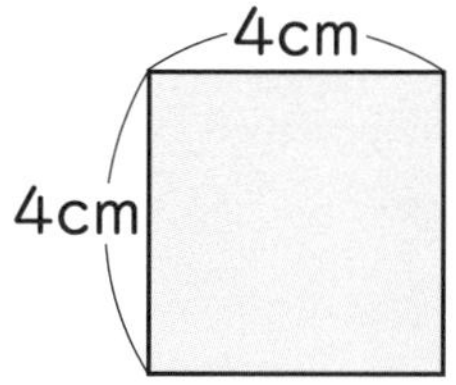

(式)

答え＿＿＿＿

③ たてが7 cm，横が4 cmの長方形

(式)

答え＿＿＿＿

④ 1辺《へん》が20 cmの正方形

(式)

答え＿＿＿＿

3 右の図の長方形の面積は何cm^2ですか。　式5点，答え5点【10点】

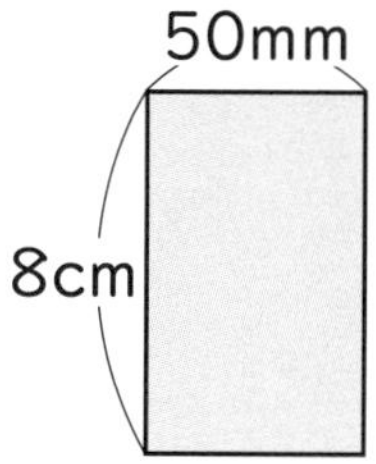

(式)

答え＿＿＿＿

4 次の長方形で，□にあてはまる数を求めましょう。　式5点，答え5点【20点】

①

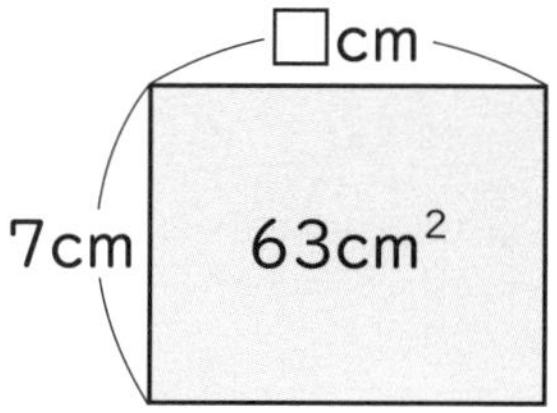

(式)

答え＿＿＿＿

②

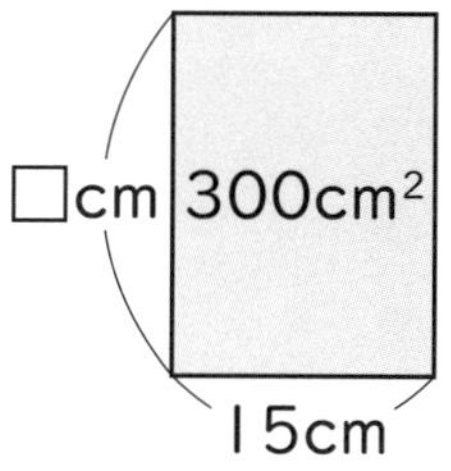

(式)

答え＿＿＿＿

5 1辺の長さが30 cmの正方形があります。この正方形と面積が同じで，たての長さが18 cmの長方形をかこうと思います。横の長さは何cmにすればよいですか。　式6点，答え6点【12点】

(式)

答え＿＿＿＿

面積《めんせき》②

目標時間《もくひょうじかん》 20 分

学習した日　　月　　日

名前

得点《とくてん》

100点 満点《まんてん》

答え ▶ 111ページ

1 下のような形の面積《めんせき》を求《もと》めましょう。　各《かく》12点【36点】

①

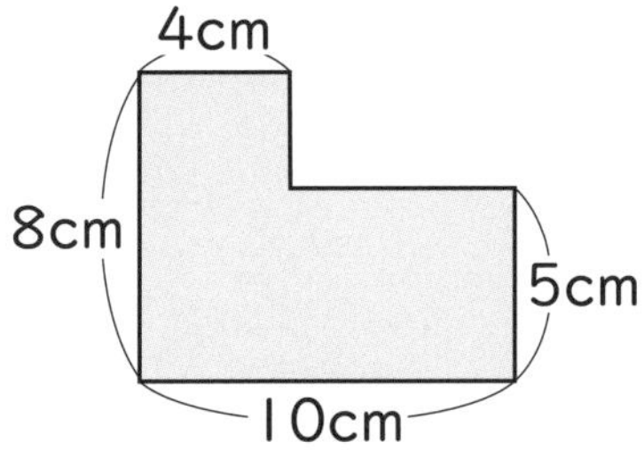

(　　　　)

②

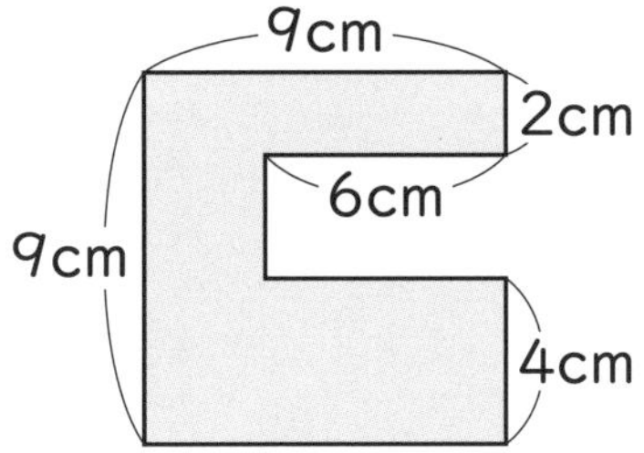

(　　　　)

③

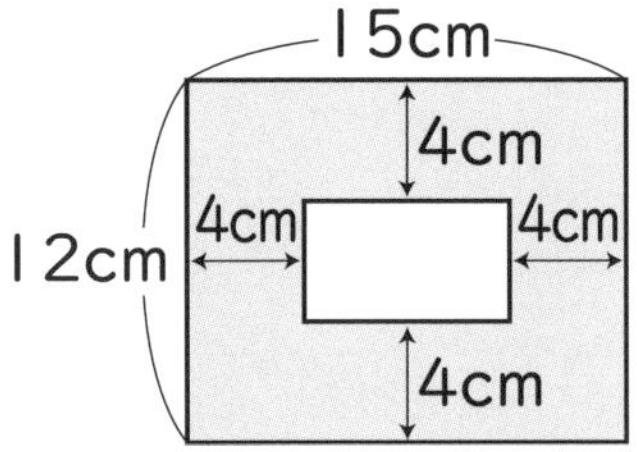

(　　　　)

2 □にあてはまる数を書きましょう。　各4点【16点】

① $3m^2$＝□cm^2　② 8a＝□m^2

③ 6ha＝□m^2　④ $2km^2$＝□m^2

3 次のような長方形や正方形の形をした土地の面積を，〔　〕の中の単位《たんい》で求めましょう。　式6点，答え6点【36点】

① 〔m^2〕

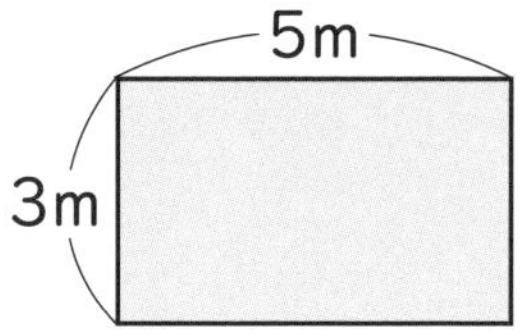

（式）

答え ＿＿＿＿＿

② 〔km^2〕

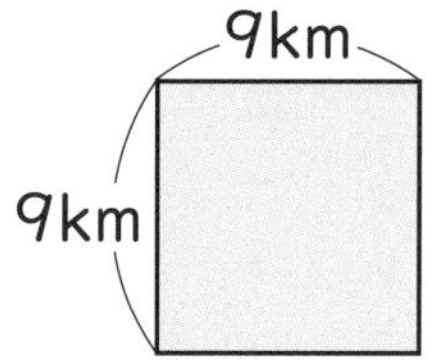

（式）

答え ＿＿＿＿＿

③ 〔a〕

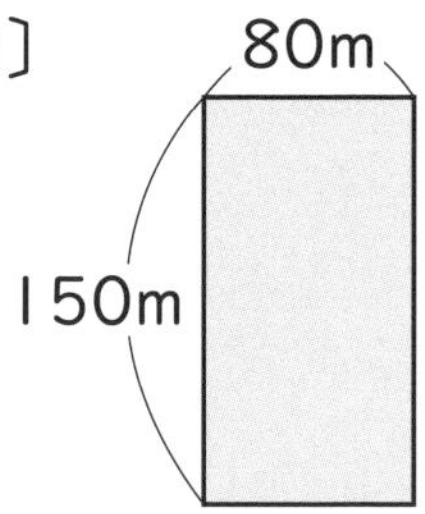

（式）

答え ＿＿＿＿＿

4 まわりの長さが2 kmで，たての長さが400 mの長方形の形をした牧場《ぼくじょう》があります。この牧場の面積は何haですか。　式6点，答え6点【12点】

（式）

答え ＿＿＿＿＿

算数 25

かくにんテスト③

目標時間《もくひょう》 20分

学習した日　　月　　日

名前

得点《とくてん》

100点 満点《まんてん》

答え ▶ 111ページ

1 計算をしましょう。　　各《かく》4点【24点】

① 23)74　　② 13)51　　③ 15)80

④ 82)596　　⑤ 24)207　　⑥ 17)915

2 荷物が500こあります。1回に35こずつ運ぶと，全部運び終えるには何回かかりますか。　　式5点，答え5点【10点】

（式）

答え

3 右の表は，図書館にいる100人を，男女とおとな，子ども別《べつ》にまとめたものの一部です。㋐～㋔にあてはまる数を書きましょう。　　各4点【20点】

図書館にいる人数（人）

	おとな	子ども	合計
男	17	21	㋐
女	㋑	㋒	㋓
合計	55	㋔	100

4 計算をしましょう。　　各4点【16点】

① $250-(150-80)$　　② $400 \div (64-39)$

③ $18 \times 4 - 51 \div 3$　　④ $5 \times (21 - 12 \div 3)$

5 次の長方形や正方形の面積《めんせき》を求《もと》めましょう。　　式5点，答え5点【20点】

①

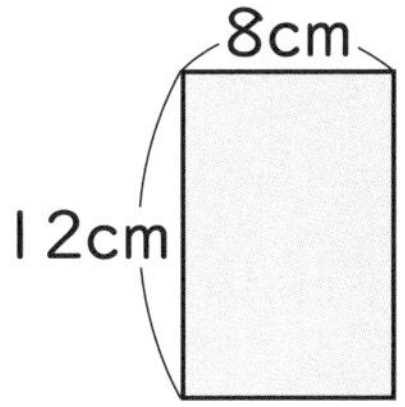

（式）

答え

②

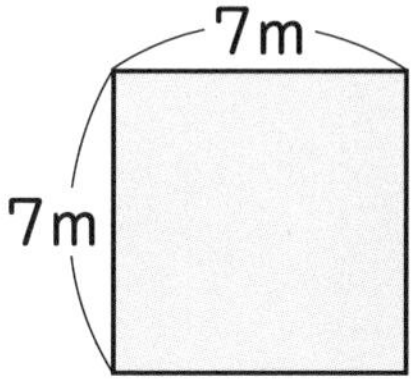

（式）

答え

6 右の図のような形の面積を求めましょう。　　【10点】

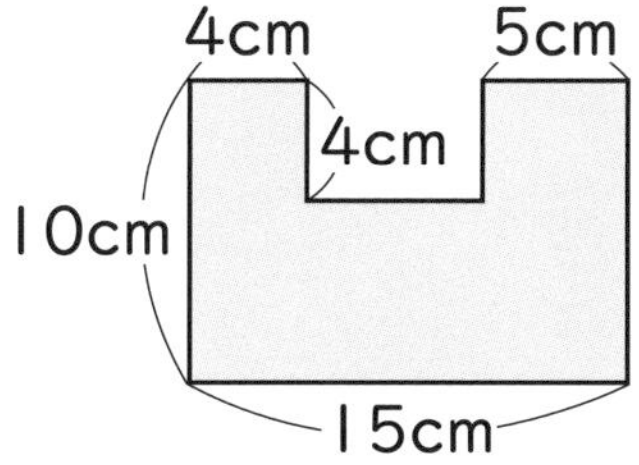

（　　　）

分数の表し方

答え ▶ 111ページ

1 次の長さやかさを，仮分数《かぶんすう》と帯分数《たいぶんすう》で表しましょう。

各《かく》5点【20点】

①

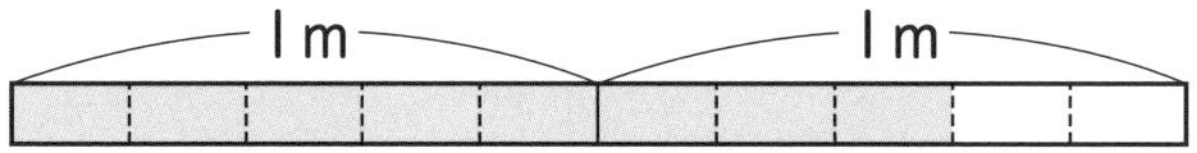

仮分数(　　　)　帯分数(　　　)

②

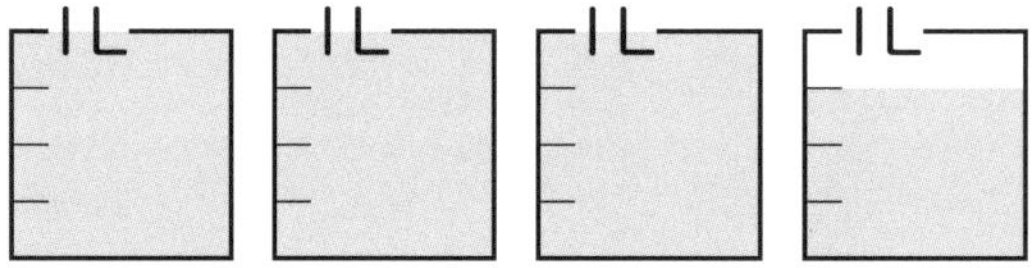

仮分数(　　　)　帯分数(　　　)

2 下の数直線で，ア，イ，ウのめもりが表す数を，仮分数と帯分数で答えましょう。

各5点【30点】

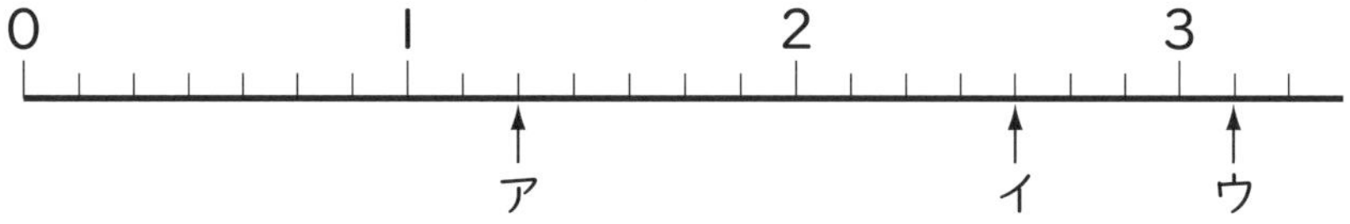

ア…仮分数(　　　)　帯分数(　　　)

イ…仮分数(　　　)　帯分数(　　　)

ウ…仮分数(　　　)　帯分数(　　　)

3 □にあてはまる数を書きましょう。

各4点【20点】

① $1\frac{4}{5}$は，$\frac{1}{5}$を□こ集めた数です。

② $\frac{1}{3}$を7こ集めた数を仮分数で表すと□，帯分数で表すと□です。

③ 1と$\frac{5}{8}$をあわせた数を帯分数で表すと□，仮分数で表すと□です。

4 次の仮分数を帯分数か整数になおしましょう。

各5点【15点】

① $\frac{5}{4}$　② $\frac{14}{3}$　③ $\frac{35}{5}$

(　　　)　(　　　)　(　　　)

5 次の帯分数を仮分数になおしましょう。

各5点【15点】

① $1\frac{1}{6}$　② $2\frac{2}{9}$　③ $3\frac{6}{7}$

(　　　)　(　　　)　(　　　)

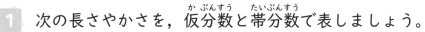

算数 27

分数の大小と大きさの等しい分数

目標《もくひょう》時間 20分

学習した日　月　日

名前

得点《とくてん》

100点満点《まんてん》

答え ▶ 111ページ

1 次の分数を小数で表しましょう。　各《かく》6点【18点】

① $1\frac{5}{10}$　② $2\frac{3}{10}$　③ $5\frac{9}{10}$

(　　)　(　　)　(　　)

2 次の数の大小を，不等号《ふとうごう》を使って表しましょう。　各7点【28点】

① $\left(\frac{7}{5},\ 1\frac{3}{5}\right)$　② $\left(4,\ \frac{11}{3}\right)$

(　　)　(　　)

③ $\left(\frac{19}{7},\ 2\frac{4}{7}\right)$　④ $\left(\frac{25}{4},\ 6\frac{3}{4}\right)$

(　　)　(　　)

3 次の数を，大きいほうから順《じゅん》に書きましょう。　【9点】

$2,\ \frac{17}{9},\ \frac{13}{9},\ 1\frac{5}{9},\ 2\frac{1}{9}$

(　　)

4 右の数直線を見て，次の問題に答えましょう。　①②④各10点，③各5点【45点】

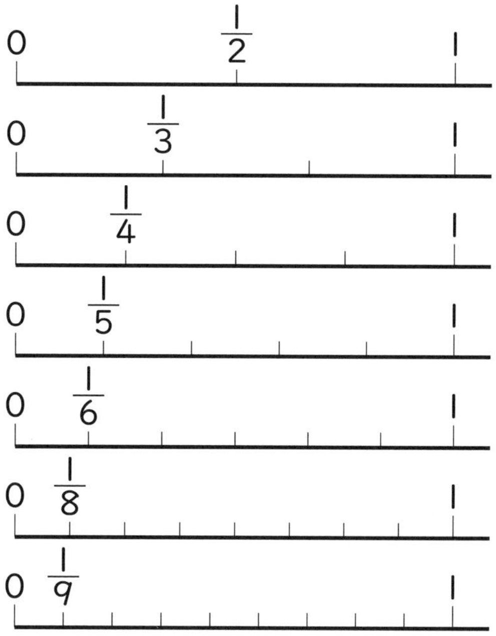

① $\frac{1}{4}$と大きさの等しい分数を書きましょう。

(　　)

② $\frac{2}{3}$と大きさの等しい分数を全部書きましょう。

(　　)

③ □にあてはまる数を書きましょう。

$\frac{1}{2}=\frac{2}{\square}=\frac{\square}{6}=\frac{4}{\square}$

④ $\frac{1}{3}$，$\frac{1}{6}$，$\frac{1}{9}$を，小さいほうから順に書きましょう。

(　　)

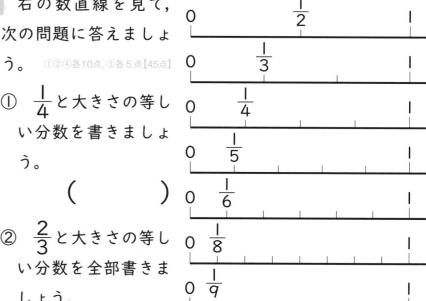

分数のたし算

目標時間《もくひょうじかん》 20 分

学習した日　　月　　日

名前

得点《とくてん》

100点 満点《まんてん》

答え ▶ 112ページ

1 計算をしましょう。　　各《かく》5点【30点】

① $\frac{4}{7}+\frac{5}{7}$　　② $\frac{5}{9}+\frac{5}{9}$

③ $\frac{6}{5}+\frac{2}{5}$　　④ $\frac{3}{4}+\frac{6}{4}$

⑤ $\frac{5}{6}+\frac{7}{6}$　　⑥ $\frac{13}{3}+\frac{2}{3}$

2 計算をしましょう。　　各5点【30点】

① $1\frac{1}{5}+\frac{3}{5}$　　② $4\frac{2}{3}+\frac{2}{3}$

③ $\frac{7}{8}+2\frac{6}{8}$　　④ $3\frac{2}{9}+2\frac{5}{9}$

⑤ $1\frac{6}{7}+2\frac{4}{7}$　　⑥ $2\frac{1}{6}+4\frac{5}{6}$

3 ジュースを，兄は $\frac{3}{4}$L，弟は $\frac{2}{4}$L飲みました。あわせて何L飲みましたか。　　式6点，答え6点【12点】

（式）

答え ＿＿＿＿＿＿

4 白いテープの長さは $2\frac{3}{5}$ mです。青いテープの長さは白いテープより $\frac{4}{5}$ m長いそうです。青いテープの長さは何mですか。　　式7点，答え7点【14点】

（式）

答え ＿＿＿＿＿＿

5 りょうこさんは，土曜日に $3\frac{2}{6}$ 時間，日曜日に $1\frac{4}{6}$ 時間お手伝いをしました。あわせて何時間お手伝いをしましたか。　　式7点，答え7点【14点】

（式）

答え ＿＿＿＿＿＿

分数のひき算

目標時間《もくひょう》 20 分

学習した日　　月　　日

名前

得点《とくてん》

100点 満点《まんてん》

答え ▶ 112ページ

1 計算をしましょう。　各《かく》5点【30点】

① $\frac{7}{5}-\frac{4}{5}$　② $\frac{9}{7}-\frac{5}{7}$

③ $\frac{8}{6}-\frac{2}{6}$　④ $\frac{11}{3}-\frac{2}{3}$

⑤ $\frac{10}{4}-\frac{1}{4}$　⑥ $\frac{14}{5}-\frac{3}{5}$

2 計算をしましょう。　各5点【30点】

① $1\frac{1}{4}-\frac{2}{4}$　② $3\frac{4}{8}-\frac{5}{8}$

③ $5\frac{5}{9}-2\frac{3}{9}$　④ $5\frac{4}{7}-3\frac{6}{7}$

⑤ $6-2\frac{3}{5}$　⑥ $7\frac{5}{6}-4$

3 牛にゅうが$\frac{9}{5}$Lあります。このうち，ケーキを作るのに$\frac{3}{5}$L使いました。残《のこ》りは何Lですか。　式6点，答え6点【12点】

（式）

答え＿＿＿＿＿＿

4 1組の花だんの広さは$5\frac{7}{9}$ m^2，2組の花だんの広さは$6\frac{2}{9}$ m^2です。広さのちがいは何m^2ですか。　式7点，答え7点【14点】

（式）

答え＿＿＿＿＿＿

5 8 mのリボンがあります。このうち，何mか使ったら，残りは$4\frac{3}{8}$ mになりました。使ったリボンの長さは何mですか。　式7点，答え7点【14点】

（式）

答え＿＿＿＿＿＿

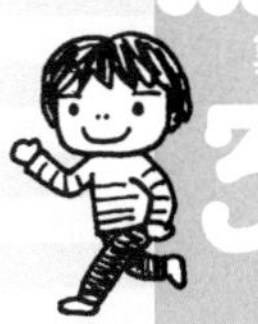

変《か》わり方

1 まわりの長さが24 cmの長方形の，たての長さと横の長さの変《か》わり方について調べます。　①各《かく》2点，②③各10点【30点】

① たての長さと横の長さを表にまとめます。あいているところにあてはまる数を書きましょう。

たての長さ(cm)	1	2	3	4	5	6
横の長さ　(cm)	11					

② たての長さを□cm，横の長さを○cmとして，□と○の関係《かんけい》を式に表しましょう。

（　　　　　）

③ たての長さが9 cmのとき，横の長さは何cmになりますか。

（　　　　　）

2 母は38才，みかさんは11才で，たん生日は同じです。2人の年令《ねんれい》の変わり方について考えましょう。　各15点【30点】

① 母の年令を□才，みかさんの年令を○才として，□と○の関係を式に表しましょう。

（　　　　　）

② みかさんが生まれたのは，お母さんが何才のときですか。

（　　　　　）

3 下の図のように，1辺《ぺん》が1 cmの正三角形を，下の図のようにならべます。だんの数とまわりの長さの変わり方について考えましょう。　①各2点，②③④各10点【40点】

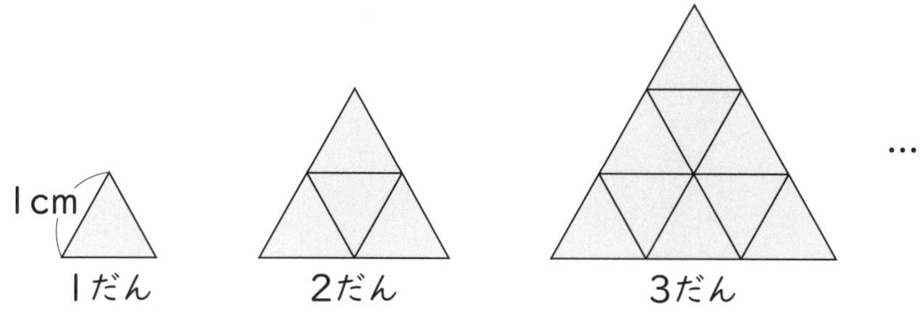

① だんの数とまわりの長さを表にまとめます。あいているところにあてはまる数を書きましょう。

だんの数（だん）	1	2	3	4	5	6
まわりの長さ(cm)	3					

② だんの数を□だん，まわりの長さを○cmとして，□と○の関係を式に表しましょう。

（　　　　　）

③ 12だんのとき，まわりの長さは何cmになりますか。

（　　　　　）

④ まわりの長さが60 cmになるのは，何だんのときですか。

（　　　　　）

算数 31 がい数の表し方

目標《もくひょう》時間 20分

学習した日　月　日

名前

得点《とくてん》

100点 満点《まんてん》

答え ▶ 112ページ

1 次の㋐，㋑，㋒の人数は，約《やく》何千人といえばよいか調べます。　各《かく》3点【18点】

㋐ 5300人　㋑ 6400人　㋒ 6700人

① 下の数直線で，㋐，㋑，㋒の人数をしめすところに↑をかきましょう。

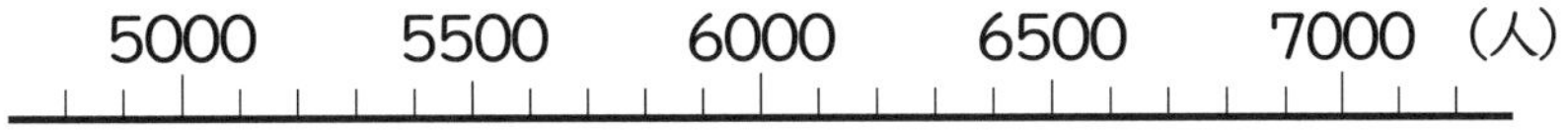

② ㋐，㋑，㋒は，それぞれ約何千人といえますか。

㋐（　　　）　㋑（　　　）　㋒（　　　）

2 次の数を四捨五入《ししゃごにゅう》して，（　）の位《くらい》までのがい数にしましょう。　各6点【36点】

① 345（百の位）　（　　　）

② 2071（百の位）　（　　　）

③ 4537（千の位）　（　　　）

④ 19368（千の位）　（　　　）

⑤ 70856（一万の位）　（　　　）

⑥ 396274（一万の位）　（　　　）

3 次の数を四捨五入して，上から1けたのがい数にしましょう。また，上から2けたのがい数にしましょう。　各6点【24点】

① 63819

上から1けた（　　　）

上から2けた（　　　）

② 159047

上から1けた（　　　）

上から2けた（　　　）

4 □にあてはまる数を書きましょう。　①各4点，②10点【22点】

① 四捨五入して十の位までのがい数にしたとき，40になる整数のうち，いちばん小さい数は□，いちばん大きい数は□で，全部で□こあります。

② 四捨五入して千の位までのがい数にしたとき，10000になる数のはんいは□以上《いじょう》□未満《みまん》です。

算数 32

がい数を使った計算

目標時間《もくひょう》 20 分

学習した日　月　日

名前

得点《とくてん》

100点 満点《まんてん》

答え ▶ 112ページ

1 四捨五入《ししゃごにゅう》して百の位《くらい》までのがい数にして，答えを見積《みつ》もりましょう。 各《かく》5点【20点】

① 528＋374　　② 728－245

③ 263＋709＋1384　　④ 3462－1354

2 右の表は，動物園の金曜日，土曜日，日曜日の入場者数を表したものです。 式7点，答え7点【28点】

曜日	入場者数(人)
金曜日	9736
土曜日	12095
日曜日	14582

① 3日間の入場者数の合計は，およそ何万何千人ですか。

(式)

答え ＿＿＿＿＿＿

② 金曜日と日曜日の入場者数のちがいは，およそ何千人ですか。

(式)

答え ＿＿＿＿＿＿

3 四捨五入して上から1けたのがい数にして，答えを見積もりましょう。 各5点【20点】

① 183×325　　② 627×4708

③ 6497÷32　　④ 35914÷46

4 子ども会の32人で遠足に行きます。子ども1人分の電車代は460円です。全員の電車代は，およそいくらになりますか。上から1けたのがい数にして，見積もりましょう。 式8点，答え8点【16点】

(式)

答え ＿＿＿＿＿＿

5 1この重さが28gのねじがあります。このねじの重さをはかったら，全部で8512gありました。ねじはおよそ何こありますか。上から1けたのがい数にして，見積もりましょう。 式8点，答え8点【16点】

(式)

答え ＿＿＿＿＿＿

算数 33

小数のかけ算

目標時間《もくひょう》 20 分

学習した日　月　日

名前

得点《とくてん》

100点 満点《まんてん》

答え ▶ 112ページ

1 計算をしましょう。　各《かく》4点【16点】

① 0.2×4　② 0.9×3

③ 0.6×7　④ 0.8×5

2 計算をしましょう。　各4点【36点】

① 1.7 × 4　② 2.6 × 8　③ 0.3 × 3

④ 9.4 × 5　⑤ 38.5 × 6　⑥ 1.4 × 32

⑦ 6.3 × 58　⑧ 4.9 × 60　⑨ 62.4 × 75

3 計算をしましょう。　各4点【24点】

① 1.39 × 6　② 0.27 × 3　③ 5.76 × 4

④ 4.35 × 8　⑤ 1.63 × 24　⑥ 9.24 × 35

4 1 Lのガソリンで，9.6 kmて走る自動車があります。25 Lのガソリンでは何kmて走りますか。　式6点，答え6点【12点】

（式）

答え

5 1 mの重さが2.76 kgの鉄のぼうがあります。この鉄のぼう14 mの重さは何kgですか。　式6点，答え6点【12点】

（式）

答え

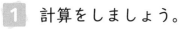

算数 34

小数のわり算①

目標時間《もくひょうじかん》 20 分

学習した日　　月　　日

名前

得点《とくてん》

100点 満点《まんてん》

答え ▶ 113ページ

1 計算をしましょう。

各《かく》4点【16点】

① 0.8÷4　　② 1.5÷5

③ 8.2÷2　　④ 6.9÷3

2 計算をしましょう。

各4点【36点】

① 3)7.2　　② 4)6.8　　③ 9)5.4

④ 2)38.6　　⑤ 7)47.6　　⑥ 13)35.1

⑦ 28)44.8　　⑧ 43)17.2　　⑨ 37)29.6

3 計算をしましょう。

各4点【24点】

① 4)9.36　　② 9)5.76　　③ 6)0.42

④ 24)8.64　　⑤ 19)5.32　　⑥ 87)4.35

4 ジュースが8.4 Lあります。これを6人で等分すると，1人分は何Lになりますか。

式6点，答え6点【12点】

（式）

答え

5 同じかんづめ36この重さをはかったら8.64 kgありました。このかんづめ1この重さは何kgですか。

式6点，答え6点【12点】

（式）

答え

算数 35

小数のわり算②

目標時間《もくひょうじかん》 20分

学習した日　月　日

名前

得点《とくてん》

100点満点《まんてん》

答え ▶ 113ページ

1 商《しょう》は一の位《くらい》まで求《もと》めて，あまりもだしましょう。また，けん算もしましょう。　各《かく》5点【30点】

① $3\overline{)84.5}$　② $7\overline{)50.8}$　③ $14\overline{)93.2}$

けん算　けん算　けん算

2 わりきれるまで計算しましょう。　各5点【30点】

① $5\overline{)38}$　② $4\overline{)5.4}$　③ $8\overline{)3}$

④ $18\overline{)63}$　⑤ $26\overline{)63.7}$　⑥ $44\overline{)33}$

3 商は四捨五入《ししゃごにゅう》して，上から2けたのがい数で求めましょう。　各6点【18点】

① $9\overline{)43}$　② $24\overline{)70.7}$　③ $56\overline{)35.6}$

4 32.5 mのテープがあります。このテープから4 mのテープは何本とれて，何mあまりますか。　式5点，答え5点【10点】

（式）

答え

5 絵の具のねだんは360円で，画用紙のねだんは48円です。絵の具のねだんは，画用紙のねだんの何倍ですか。　式6点，答え6点【12点】

（式）

答え

直方体《ちょくほうたい》と立方体《りっぽうたい》

1 右の直方体《ちょくほうたい》を見て，次の問題に答えましょう。

①～⑤各《かく》8点，⑥15点【55点】

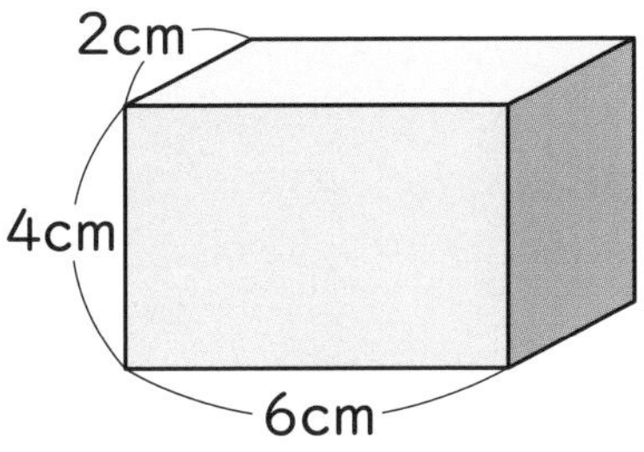

① 頂点《ちょうてん》はいくつありますか。

(　　　　)

② 2cmの辺《へん》はいくつありますか。

(　　　　)

③ 長さが同じ辺はいくつずつ何組ありますか。

(　　　　)つずつ(　　　　)組

④ たてが4cm，横が6cmの長方形の形をした面はいくつありますか。

(　　　　)

⑤ 形も大きさも同じ面はいくつずつ何組ありますか。

(　　　　)つずつ(　　　　)組

⑥ この直方体の見取図《みとりず》をかきます。右の方がんに続《つづ》きをかいて，図を完成《かんせい》させましょう。

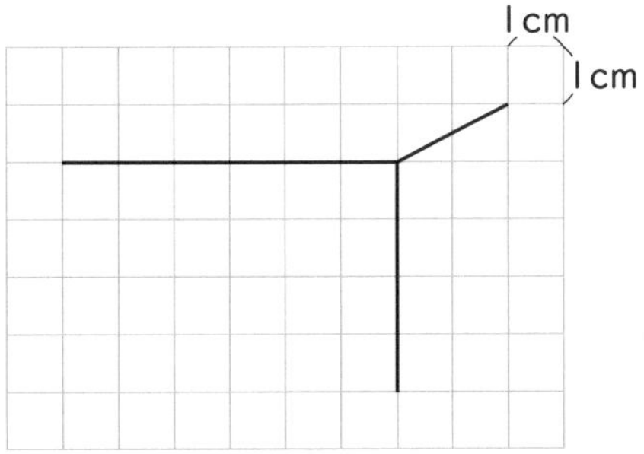

2 下のような直方体の展開図《てんかいず》を，右下の方がんにかきます。続きをかいて，図を完成させましょう。

【15点】

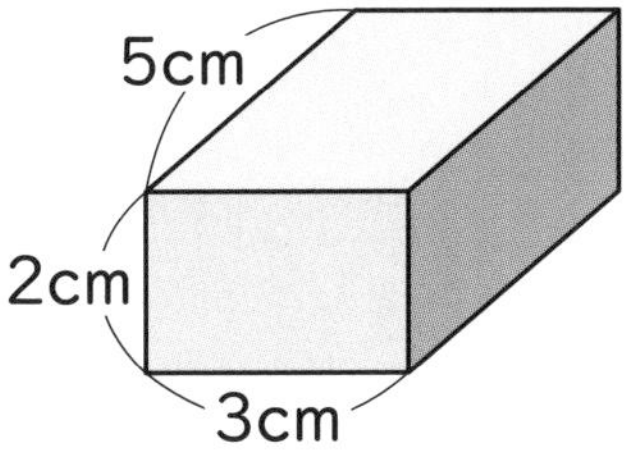

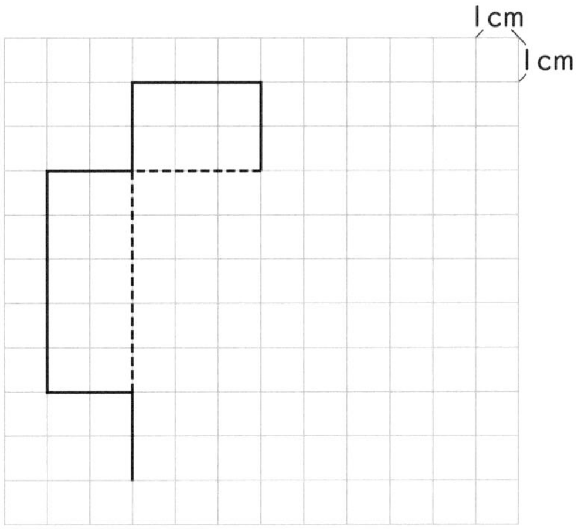

3 右の立方体《りっぽうたい》の展開図を組み立てます。

各10点【30点】

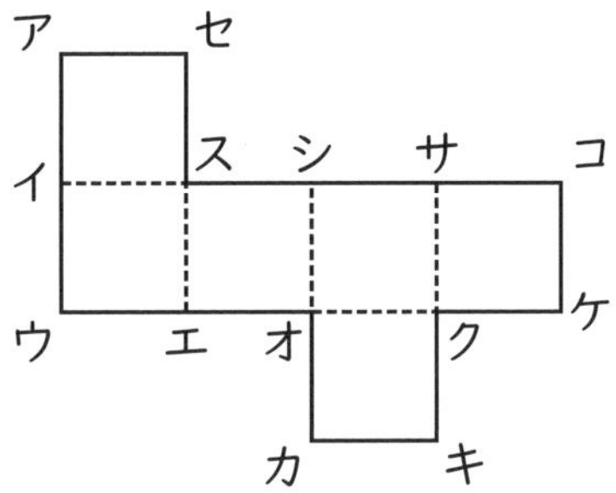

① 点アと重なる点はどれですか。

(　　　　)

② 点ケと重なる点はどれですか。全部答えましょう。

(　　　　)

③ 辺イウと重なる辺はどれですか。

(　　　　)

算数 37

面や辺《へん》の垂直《すいちょく》と平行・位置《いち》の表し方

目標時間《もくひょう》 20 分

学習した日　月　日

名前

得点《とくてん》

100点 満点《まんてん》

答え ▶ 113ページ

1 右の直方体《ちょくほうたい》を見て，次の問題に答えましょう。　各《かく》8点【48点】

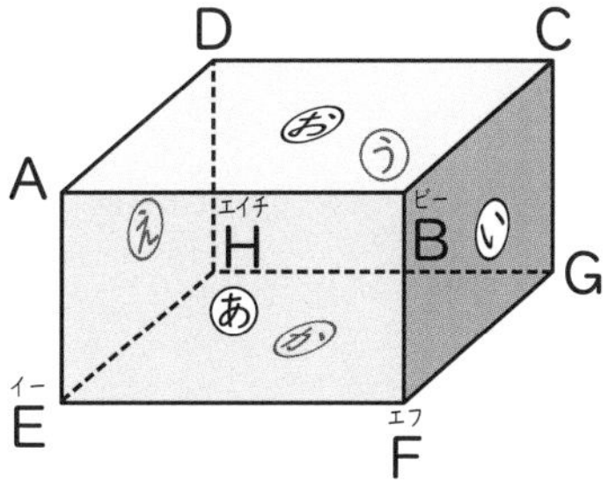

① 面あに平行な面はどれですか。

(　　　　)

② 面うに垂直《すいちょく》な面はどれですか。全部答えましょう。

(　　　　)

③ 辺《へん》AD《エーディー》に平行な辺はどれですか。全部答えましょう。

(　　　　)

④ 辺CG《シージー》に垂直な辺はどれですか。全部答えましょう。

(　　　　)

⑤ 面えに平行な辺はどれですか。全部答えましょう。

(　　　　)

⑥ 面あに垂直な辺はどれですか。全部答えましょう。

(　　　　)

2 右の図を見て，次の問題に答えましょう。　各8点【32点】

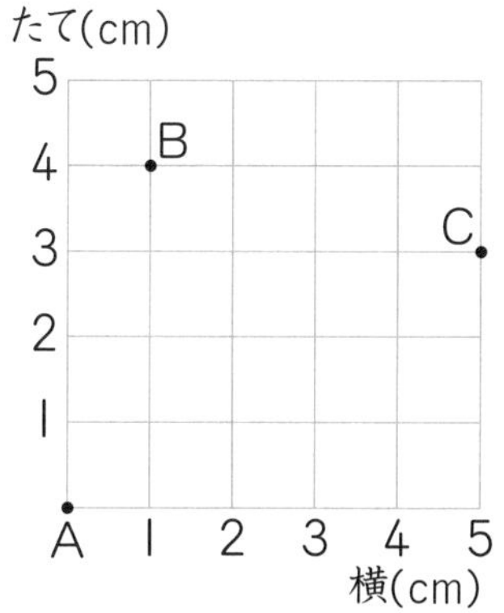

① 点Aをもとにして，点B，点Cの位置《いち》を表します。□にあてはまる数を書きましょう。

点B…(横□cm，たて□cm)

点C…(横□cm，たて□cm)

② 次の点を，図の中にかきましょう。

点D(横2 cm，たて3 cm)　点E(横4 cm，たて5 cm)

3 右の図で，点Aをもとにして，点B，点Cの位置を表します。□にあてはまる数を書きましょう。　各10点【20点】

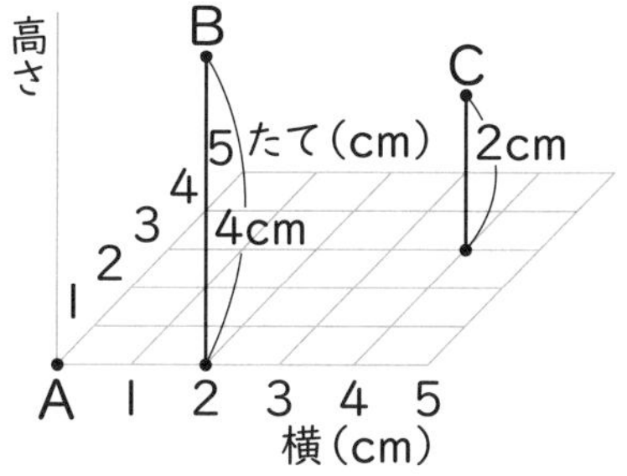

点B…(横□cm，たて□cm，高さ□cm)

点C…(横□cm，たて□cm，高さ□cm)

算数

38 かくにんテスト④

目標時間《もくひょうじかん》 20 分

学習した日　月　日

名前

得点《とくてん》

100点 満点《まんてん》

答え ▶ 113ページ

1 計算をしましょう。　各《かく》5点【20点】

① $\frac{9}{5}+\frac{4}{5}$　② $4\frac{3}{7}+3\frac{4}{7}$

③ $1\frac{2}{9}-\frac{7}{9}$　④ $5-2\frac{3}{4}$

2 右の数を四捨五《ししゃご》入《にゅう》して，千の位《くらい》までのがい数にしましょう。また，上から2けたのがい数にしましょう。　各5点【20点】

	千の位まで	上から2けた
1384		
295473		

3 正三角形の1辺《ぺん》の長さとまわりの長さの変《か》わり方について考えましょう。　各6点【12点】

① 1辺の長さを□cm，まわりの長さを○cmとして，□と○の関係《かんけい》を式に表しなさい。

(　　　　)

② 1辺の長さが14cmのとき，まわりの長さは何cmですか。

(　　　　)

4 計算をしましょう。　各5点【15点】

① 4.8×7　② 6.4×35　③ 2.97×84

5 わりきれるまで計算しましょう。　各5点【15点】

① 3)82.8　② 27)9.45　③ 16)12

6 右の立方体《りっぽうたい》の展開図《てんかいず》を組み立てます。　各6点【18点】

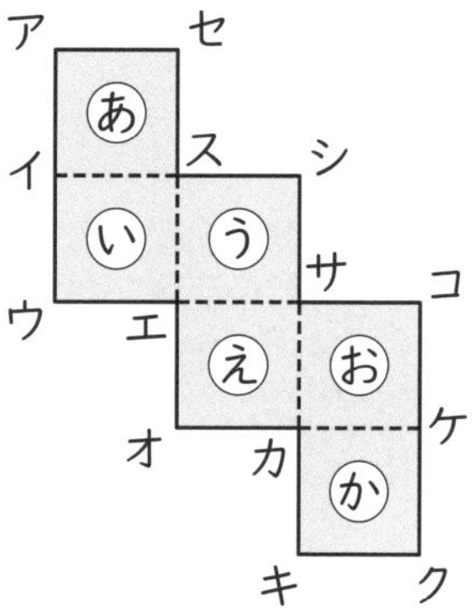

① 辺《へん》イウと重なる辺はどれですか。

(　　　　)

② 面㋐に平行な面はどれですか。

(　　　　)

③ 面㋑に垂直《すいちょく》な面はどれですか。全部答えましょう。

(　　　　)

英語 1

野菜《やさい》

目標《もくひょう》時間 20 分

学習した日　　月　　日

名前

得点《とくてん》

100点 満点《まんてん》

答え ▶ 114ページ

リスニング

1 野菜を表す単語《たんご》をなぞって書いてみましょう。そのあとに，音声を聞いて，声に出して読みましょう。

各《かく》6点【36点】

cabbage

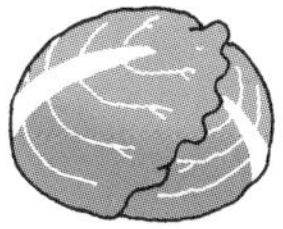

cabbage

carrot

carrot

corn

corn

onion

onion

potato

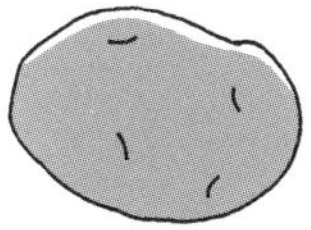

potato

tomato

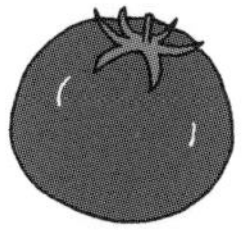

tomato

2 ①～④の絵に合う単語をさがして○でかこみましょう。

各12点【48点】

①

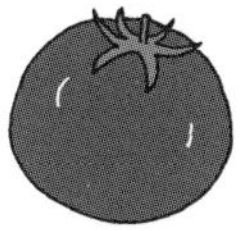

②

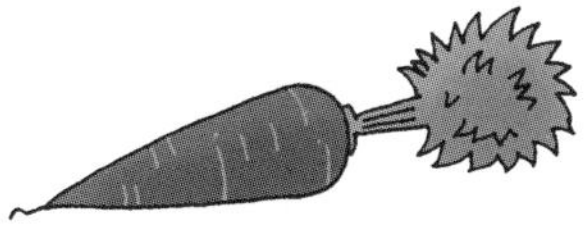

③

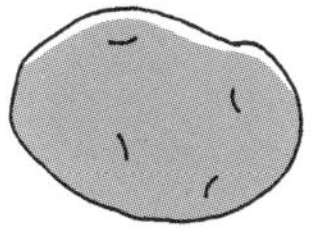

④

a	s	f	c	o	p
t	o	m	a	t	o
n	n	j	r	g	t
k	i	b	r	e	a
c	o	r	o	i	t
q	n	m	t	l	o

リスニング

3 音声を聞いて，読まれた単語を表す絵に○をつけましょう。

各8点【16点】

①

②

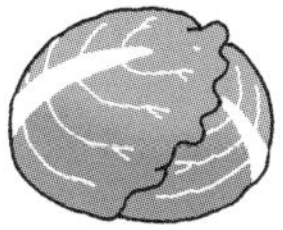

英語
2 色《いろ》

目標時間《もくひょうじかん》 20 分

学習した日　　月　　日

名前

得点《とくてん》

100点満点《まんてん》

答え ▶ 114ページ

リスニング

1 🎧 色を表す単語《たんご》をなぞって書いてみましょう。そのあとに，音声を聞いて，声に出して読みましょう。

各《かく》8点【48点】

black

black

blue

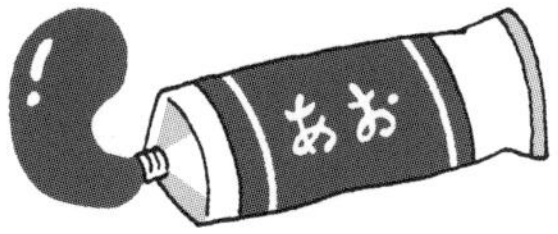

blue

green

green

red

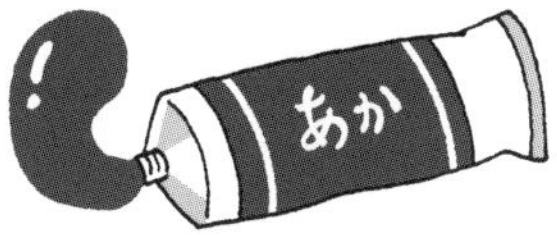

red

white

white

yellow

yellow

2 ①～④の絵に合う単語を線で結《むす》びましょう。

各10点【40点】

① 

● 　　　　● blue

② 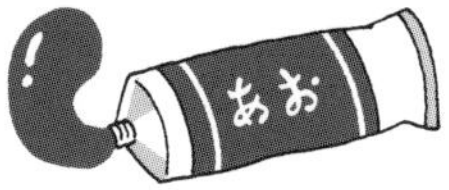

● 　　　　● green

③ 

● 　　　　● red

④ 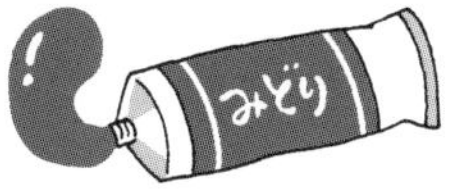

● 　　　　● white

リスニング

3 🎧 音声を聞いて，読まれた単語の順《じゅん》に番号を書きましょう。

【12点】

① 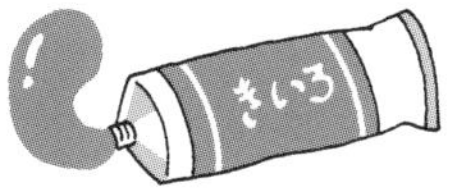

② 

③ 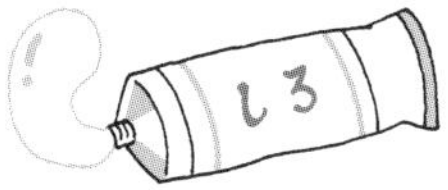

④ 

(　　　)→(　　　)→(　　　)→(　　　)

英語

3 動物《どうぶつ》

目標《もくひょう》時間 20 分

学習した日　　月　　日

名前

得点《とくてん》

100点 満点《まんてん》

答え ▶ 114ページ

リスニング

1 動物を表す単語《たんご》をなぞって書いてみましょう。そのあとに，音声を聞いて，声に出して読みましょう。　各《かく》6点【36点】

bear

bear

cat

cat

dog

dog

elephant

elephant

horse

horse

panda

panda

2 ①～④の絵に合う単語を選《えら》んで○でかこみましょう。　各12点【48点】

①

{ cat / dog }

②

{ elephant / horse }

③

{ bear / panda }

④

{ bear / horse }

リスニング

3 音声を聞いて，読まれた単語をさがして○でかこみましょう。　各8点【16点】

a	d	i	c
b	o	g	a
j	g	z	t
b	e	a	r

英語

4 数《かず》

目標時間《もくひょう》 20分

学習した日　　月　　日

名前

得点《とくてん》

100点満点《まんてん》

答え ▶ 114ページ

リスニング

1 数を表す単語《たんご》の音声を聞いて，声に出して読みましょう。

【20点】

1 one	2 two	3 three	4 four	5 five
6 six	7 seven	8 eight	9 nine	10 ten
11 eleven	12 twelve	13 thirteen	14 fourteen	15 fifteen
16 sixteen	17 seventeen	18 eighteen	19 nineteen	20 twenty

2 ①～⑤の数を表す単語のうち，大きいほうを○でかこみましょう。

各《かく》8点【40点】

① ten　　two

② five　　seven

③ eleven　　twelve

④ fifteen　　thirteen

⑤ eighteen　　twenty

リスニング

3 音声を聞いて，読まれた数字の数だけ☆をえんぴつで黒くぬりましょう。

各8点【40点】

① ☆☆☆☆☆☆☆☆☆☆

② ☆☆☆☆☆☆☆☆☆☆

③ ☆☆☆☆☆☆☆☆☆☆

④ ☆☆☆☆☆☆☆☆☆☆

⑤ ☆☆☆☆☆☆☆☆☆☆

英語

5 曜日《ようび》

目標《もくひょう》時間 20分

学習した日　月　日

名前

得点《とくてん》

100点満点《まんてん》

答え ▶ 115ページ

リスニング

1 曜日を表す単語《たんご》をなぞって書いてみましょう。そのあとに，音声を聞いて，声に出して読みましょう。

各《かく》8点【56点】

Monday　月曜日　月　Monday

Tuesday　火曜日　火　Tuesday

Wednesday　水曜日　水　Wednesday

Thursday　木曜日　木　Thursday

Friday　金曜日　金　Friday

Saturday　土曜日　土　Saturday

Sunday　日曜日　日　Sunday

2 スケジュールを見て，①～④の予定がある曜日として正しいほうを○でかこみましょう。

各11点【44点】

スケジュール	
月曜日	
火曜日	テニスの練習
水曜日	書道教室
木曜日	イヌの散歩《さんぽ》当番
金曜日	英会話《えいかいわ》教室
土曜日	買い物
日曜日	レストランで夕食

① テニスの練習　（ Tuesday ／ Thursday ）

② イヌの散歩当番　（ Monday ／ Thursday ）

③ 英会話教室　（ Wednesday ／ Friday ）

④ 買い物　（ Saturday ／ Sunday ）

スポーツ

目標時間《もくひょう》 20分

学習した日　月　日

名前

得点《とくてん》

100点 満点《まんてん》

答え ▶ 115ページ

リスニング

1 スポーツを表す単語《たんご》をなぞって書いてみましょう。そのあとに，音声を聞いて，声に出して読みましょう。　各《かく》10点【60点】

baseball

baseball

basketball

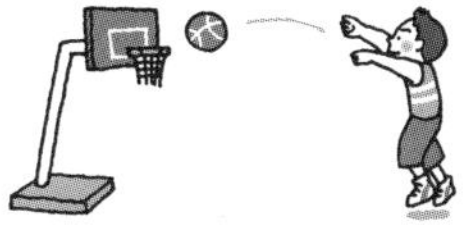

basketball

soccer

soccer

table tennis

table tennis

tennis

tennis

volleyball

volleyball

2 ①～③の絵に合う単語を線で結《むす》びましょう。　各10点【30点】

①  •　　•soccer

②  •　　•basketball

③  •　　•baseball

リスニング

3 音声を聞いて，読まれた順《じゅん》に絵を線で結びましょう。　【10点】

【スタート】

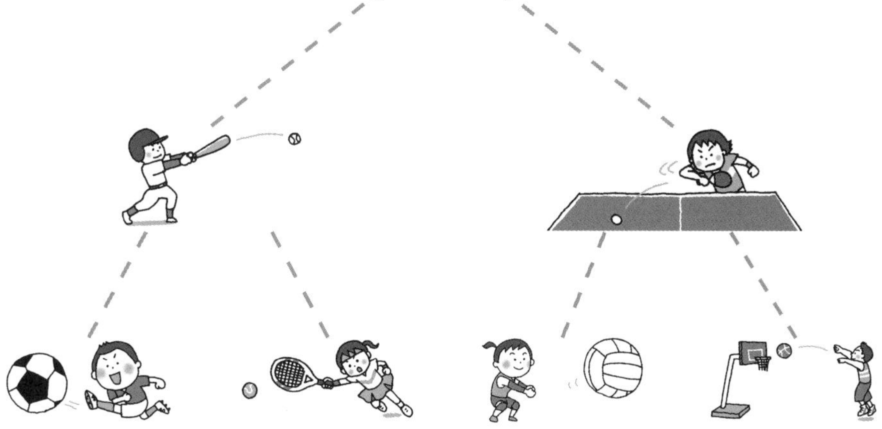

英語 7

教科

目標《もくひょう》時間 20 分

学習した日 月 日

名前

得点《とくてん》

100点 満点《まんてん》

答え ▶ 115ページ

リスニング

1 🎧 教科を表す単語《たんご》をなぞって書いてみましょう。そのあとに，音声を聞いて，声に出して読みましょう。 各《かく》10点【60点】

English

English

Japanese

Japanese

math

math

music

music

science

science

social studies

social studies

2 絵に合う単語を書くとき，①，②に入るアルファベットを小文字で書きましょう。 各10点【20点】

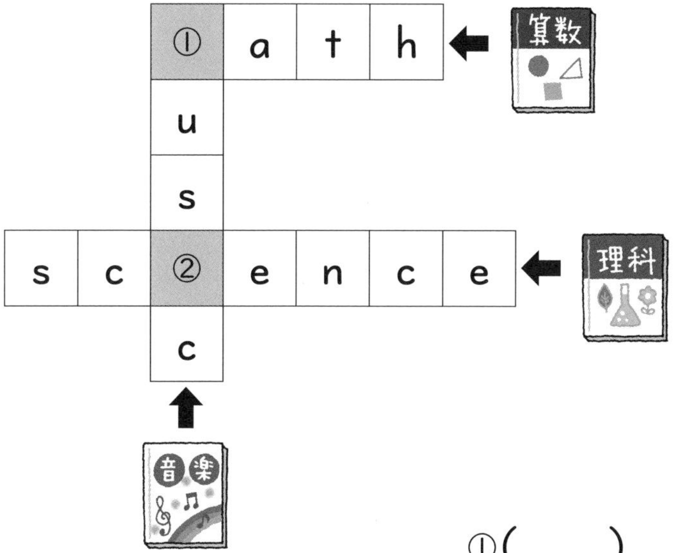

①(　　　)　②(　　　)

リスニング

3 🎧 音声を聞いて，読まれなかった単語を表す絵に○をつけましょう。 各10点【20点】

①

②

英語 8

かくにんテスト

目標時間《もくひょうじかん》 20 分

学習した日　月　日

名前

得点《とくてん》

100点満点《まんてん》

答え ▶ 115ページ

1 ①～③の絵に合う単語《たんご》を線で結《むす》びましょう。　各《かく》8点【24点】

①  •　　　　• soccer

② 

•　　　　• cat

③  •　　　　• red

2 メモを見て，①～③に入る野菜《やさい》の数を書きましょう。

各9点【27点】

○○○○○○○

・onion → four
・carrot → one
・potato → three
・tomato → two

①トマト　（　　　）つ
②タマネギ　（　　　）つ
③ジャガイモ　（　　　）つ

3 時間わりの一部を見て，①～③に合うものを，ア～オから選《えら》び，記号で答えましょう。

各11点【33点】

	月	火	水
1	国語	英語	算数
2	英語	理科	国語
3	算数	音楽	社会
4	社会	国語	理科

ア　science
イ　Wednesday
ウ　math
エ　Friday
オ　English

①　火曜日の1時間目の教科　（　　　）
②　月曜日の3時間目の教科　（　　　）
③　理科が4時間目にある曜日　（　　　）

リスニング

4 音声を聞いて，読まれた単語を表す絵に○をつけましょう。

各8点【16点】

①  

②  

わたしたちの県《けん》

目標時間《もくひょうじかん》 20 分

学習した日　　月　　日

名前

得点《とくてん》

100点満点《まんてん》

答え ▶ 116ページ

1 宮城県《みやぎけん》の都市と地形について，右の地図を見て，次の問いに答えましょう。　各《かく》10点【50点】

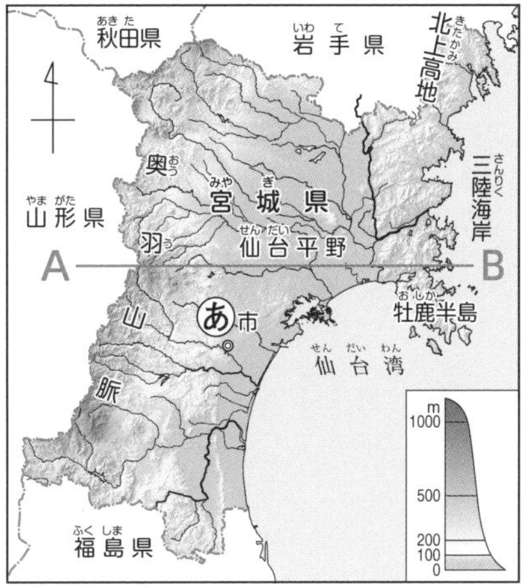

① 宮城県とせっしている都道府県《とどうふけん》は岩手県《いわてけん》，山形県《やまがたけん》，福島県《ふくしまけん》と，あと１つはどこですか。（　　　　　）

② 宮城県の県庁所在地《けんちょうしょざいち》であるあ市の名前を書きましょう。（　　　　　）

③ 宮城県の地形について正しいものに○，まちがっているものに×をつけましょう。

㋐（　　）県の東には仙台湾《せんだいわん》や三陸《さんりく》海岸が広がり，牡鹿《おしか》半島が海につき出ている。

㋑（　　）県の中央に山が多く，西に平野が広がる。

④ 右の図は，上の地図のＡとＢを結《むす》んだ線で切った断面《だんめん》図《ず》です。図中のいにあたる地形の名前を，上の地図中から選《えら》んで書きましょう。

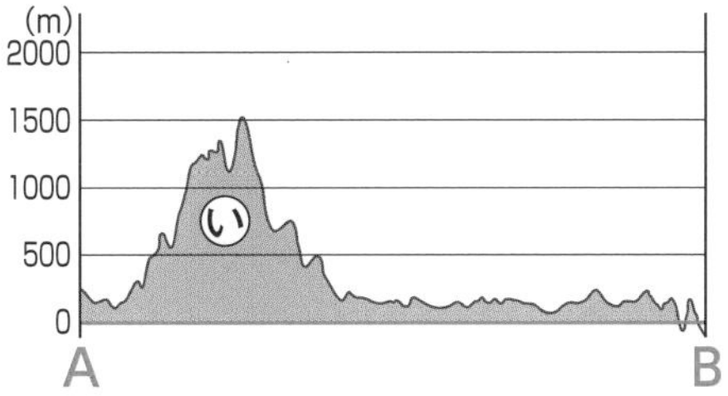

（　　　　　）

2 福岡県《ふくおかけん》と岡山県《おかやまけん》の交通や産業《さんぎょう》について，次の地図を見て，あとの問いに答えましょう。　各10点【50点】

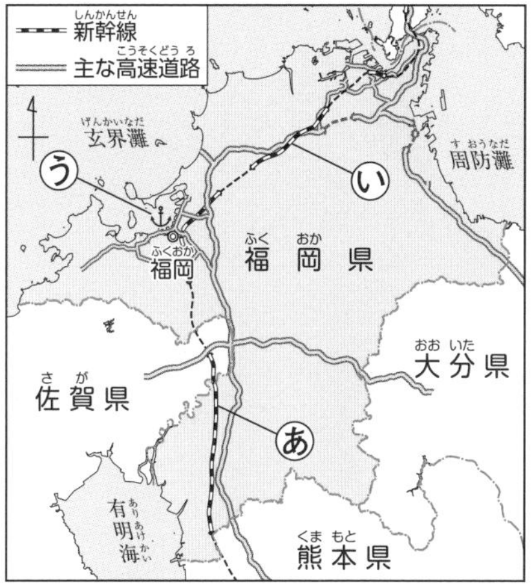

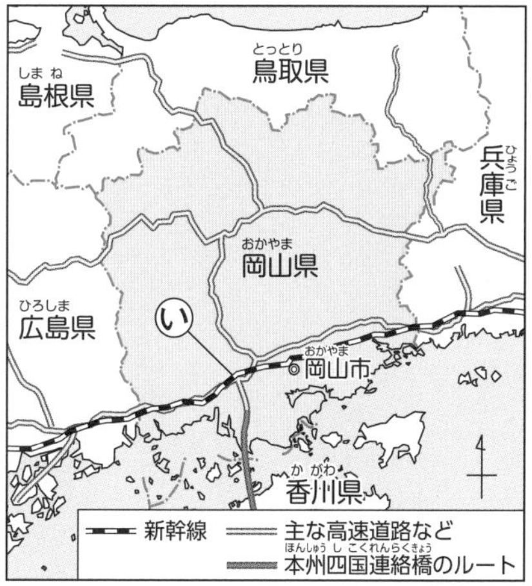

① 地図中のあ，いの新幹線《しんかんせん》を何といいますか。

あ（　　　　　）

い（　　　　　）

② 地図中のうの港の名前を，次から１つ選んで，記号で答えましょう。（　　）

ア　博多港《はかたこう》　イ　神戸港《こうべこう》　ウ　水島港《みずしまこう》

③ 福岡県，岡山県で生産がさかんな農作物を，次からそれぞれ選んで，記号で答えましょう。

福岡県（　　　）　岡山県（　　　）

ア　さくらんぼ　イ　マスカット　ウ　いちご

水はどこから①

1 ある市の水道に関《かん》するグラフを見て，あとの問いに答えましょう。 各《かく》10点【50点】

ある市の給水量《きゅうすいりょう》と人口の変化《へんか》

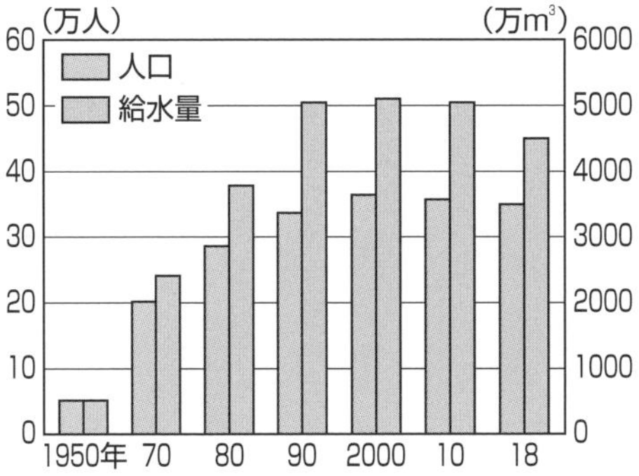

A ののびるきょりの変化

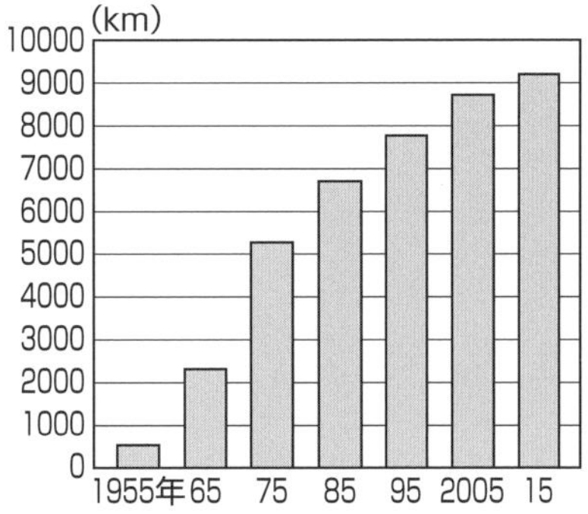

① 2018年の市の給水量と人口を書きましょう。

㋐給水量（およそ　　　万m³）

㋑人口　（およそ　　　万人）

② この市では，1950年とくらべて，2018年の給水量と人口は，それぞれおよそ何倍になっていますか。〔　〕から1つずつ選《えら》びましょう。

㋒給水量（　　　）　㋓人口（　　　）

〔 6倍　7倍　8倍　9倍　10倍　12倍 〕

③ わたしたちの家や学校，工場などには，右上のグラフの A を通ってきれいな水がとどけられます。A に当てはまる言葉を答えましょう。（　　　）

2 水をきれいにするしくみについて，右の図を見て，次の問いに答えましょう。 各10点【50点】

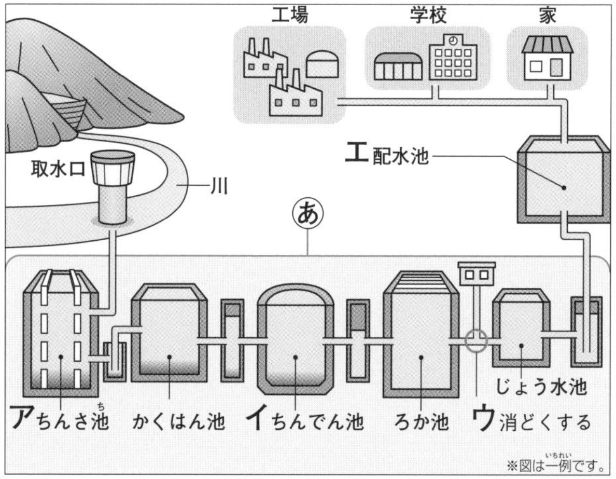

① 図中の「取《しゅ》水口《すいこう》」では，どこから水を取り入れていますか。

（　　　）

② 図中の㋐は，取り入れた水をきれいにするところです。このしせつを何といいますか。（　　　）

③ 次のはたらきをしているのは，図中のア～エのうちのどこですか。記号で答えましょう。

㋐ 水をためて，家や学校に送る。（　　）

㋑ 薬品を入れて，にごりやごみをかたまりにしてしずめる。（　　）

④ ㋐のしせつが行う，安全な水かどうかをたしかめるけんさを何といいますか。（　　　）

水はどこから②

目標時間《もくひょうじかん》 20分

学習した日　　月　　日

名前

得点《とくてん》

100点満点《まんてん》

答え▶116ページ

1 右の写真を見て，次の問いに答えましょう。 各《かく》10点【20点】

（鎌形久／PPS通信社）

① これは何というしせつですか。
（　　　　　）

② このしせつはどのようなはたらきをしますか。次から1つ選《えら》んで，記号で答えましょう。（　　）

ア　川の水をきれいにしている。

イ　川の水を取り入れて，家や学校などに送っている。

ウ　川の水をためるなどして，水量《すいりょう》を調節《ちょうせつ》している。

2 川の水と上流の水源《すいげん》の森林について，正しいものに○，まちがっているものに×をつけましょう。 各5点【20点】

①（　　）森林は雨水をたくわえて，少しずつ流し出すはたらきがある。

②（　　）上流に森林があると，川の水はかれやすい。

③（　　）上流に森林がないと，こう水が起こりやすい。

④（　　）森林は多少あれてしまっても，水をたくわえるはたらきがおとろえることはない。

3 水を大切に使うくふうについて，次の問いに答えましょう。 各10点【40点】

① 水を大切に使うくふうとして正しいものに○，まちがっているものに×をつけましょう。

㋐（　　）歯をみがくときは，じゃ口をしめないでおく。

㋑（　　）せんたくには，おふろの残《のこ》り湯を使う。

㋒（　　）車をあらうときは，バケツにくんだ水を使わずに，水道につないだホースの水を使う。

② 水をむだづかいせず，節約《せつやく》することを何といいますか。漢字2字で答えましょう。（　　　　）

4 使ったあとの水のゆくえについて，次の問いに答えましょう。 各10点【20点】

① 家や工場などで使ったあとのよごれた水を集めて，きれいにするしせつを何といいますか。
（　　　　　　　）

② ①のしせつできれいにした水は，川や海に流されます。川や海の水はじょう発して雲となり，そして雨となって地上にふります。このように，水が地上と空をまわっていることを何といいますか。（水の　　　　　）

答え▶116ページ

ごみのしまつと利用《りよう》①

1 ごみの分け方やしょりについて，次の問いに答えましょう。【50点】

① ごみを種類《しゅるい》ごとに分けて出すことを何といいますか。漢字２字で答えましょう。（10点） (　　　　)

② 次のごみが当てはまる種類を下から１つずつ選《えら》んで，記号で答えましょう。各《かく》８点（24点）

あ

い

う

(　　　) (　　　) (　　　)

ア もえるごみ　イ もえないごみ
ウ そ大ごみ　エ しげん物

③ しげん物のしょりについて，次の文の（　）にあてはまる言葉を，〔　〕から選んで答えましょう。各８点（16点）

㋐ びんやかん，ペットボトルなどのしげん物は，(　　　　　　)に運ばれる。

㋑ しげん物は，つくり直したり，(　　　　　)にしたりして，ふたたび使えるようにする。

〔 燃料《ねんりょう》　原料《げんりょう》　リサイクルプラザ　しょぶん場 〕

2 せいそう工場について，次の図を見て，あとの問いに答えましょう。各10点【50点】

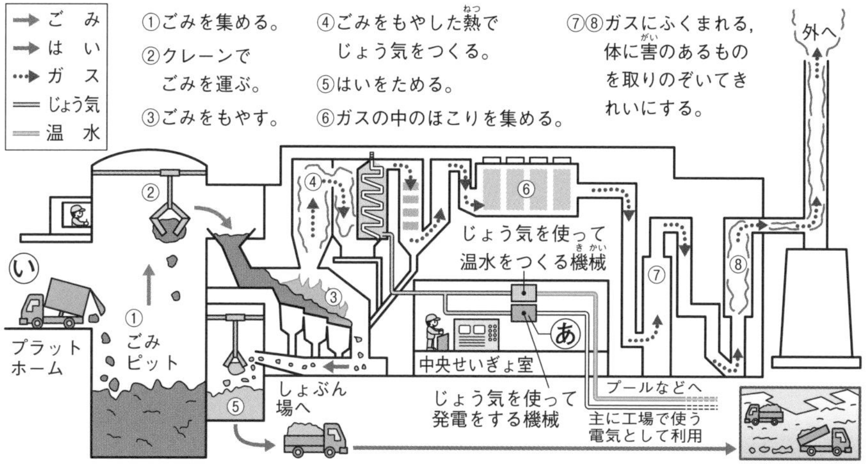

① せいそう工場は，何をするしせつですか。
(　　　　　　　)

② 図中のあでは，ごみをしょりするときに出る熱《ねつ》を使って，何をしていますか。(　　　　　　　)

③ もえるごみを集めて運んでくる，いの車を何といいますか。(　　　　　　　)

④ コンピューターを使い，せいそう工場を管理《かんり》しているところの名前を書きましょう。(　　　　　　　)

⑤ せいそう工場で出たはいは，どこに運ばれますか。
(　　　　　　　)

ごみのしまつと利用《りよう》②

目標時間《もくひょうじかん》 20分

学習した日　　月　　日

名前

得点《とくてん》

100点満点《まんてん》

答え▶116ページ

1 ある市のごみについて，右のグラフを見て，次の問いに答えましょう。　各《かく》10点【20点】

① この市のごみの中で，もっとも量《りょう》が多いのは何ですか。
(　　　　　　)

② もえるごみの量は，しげん物の量のおよそ何倍ですか。次から1つ選《えら》びましょう。　(　　　　　)

〔 2倍　3倍　4倍　5倍　6倍 〕

ある市のごみの量《りょう》（種類別《しゅるいべつ》）

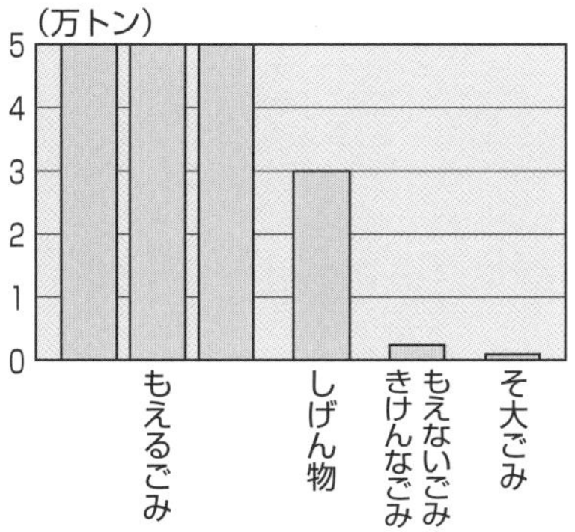

2 次のしげん物は，下の何に変《か》わりますか。あてはまるものを1つずつ選んで，記号で答えましょう。　各5点【20点】

① あきかん(　　　)　② あきびん(　　　)

③ 紙パック(　　　)　④ ペットボトル(　　　)

3 ごみをへらす取り組みや3R《スリーアール》について，次の問いに答えましょう。　各10点【60点】

① 次のうち，ごみをへらす取り組みとして，正しいものに○，まちがっているものに×をつけましょう。

㋐(　　) スーパーマーケットなどで買い物をするときは，エコバッグ（マイバッグ）を利用《りよう》する。

㋑(　　) フリーマーケットの品物はすぐだめになることが多いので，買わないようにする。

㋒(　　) ごみをしげんとしてまた使えるように，気をつけて分別《ぶんべつ》する。

② 次の文は，それぞれ3Rについて説明《せつめい》したものです。当てはまるものを，下の〔　〕からそれぞれ選んで答えましょう。

㋐ くり返し使えるものを何度も使うこと。
(　　　　　　)

㋑ ごみになるものをへらすこと。
(　　　　　　)

㋒ ごみをしげんに変え，ふたたび利用すること。
(　　　　　　)

〔 リサイクル　リユース　リデュース 〕

かくにんテスト①

目標時間《もくひょうじかん》 20分

学習した日　月　日

名前

得点《とくてん》

100点満点《まんてん》

答え ▶ 116ページ

1 宮城県《みやぎけん》の産業《さんぎょう》について，次の(　　)に当てはまる言葉を，下の〔　　〕からそれぞれ選《えら》んで答えましょう。 各《かく》10点【20点】

◇ 宮城県の仙台《せんだい》平野では(①　　　　)づくりがさかんです。白石市《しろいしし》などでは，国の伝統的工芸品《でんとうてきこうげいひん》に指定されている宮城伝統(②　　　　)が生産されています。

〔 曲《ま》げわっぱ　こけし　米　みかん 〕

2 右の図を見て，次の問いに答えましょう。 各10点【30点】

① あの森林が「緑のダム」とよばれるのは，森林にどんなはたらきがあるからですか。

(　　　　　　　　　　　　　　　　)

② 次のはたらきをしているしせつを，図中のア～エからそれぞれ選んで，記号で答えましょう。

㋐ 川の水を取り入れ，きれいにするしせつ。(　　)

㋑ 家や学校から出たよごれた水を集めて，きれいにしてから川や海に流すしせつ。(　　)

3 せいそう工場の様子について，正しいものに〇，まちがっているものに×をつけましょう。 各8点【32点】

①(　　) せいそう工場でごみをもやした後に残《のこ》るはいは，しょぶん場へ運ばれる。

②(　　) せいそう工場を管理《かんり》する中央せいぎょ室では，たくさんの人が働《はたら》いている。

③(　　) せいそう工場は，ごみをもやしたときの熱《ねつ》を発電に利用《りよう》し，工場でその電気を使っている。

④(　　) せいそう工場は，ごみをもやしたときに出るガスをそのままえんとつから外に出している。

4 次のごみをへらす取り組みに当てはまるものを，下から１つずつ選んで，記号で答えましょう。 各9点【18点】

① 物を買うときに出るごみを少なくする。(　　)

② ごみをできるだけリサイクルする。(　　)

ア デパートでは，できるだけほうそうしてもらう。

イ いらなくなった家具を，リサイクルショップに持って行く。

ウ 買い物に行くときは，エコバッグを持って行く。

エ 生ごみもしげん物として出す。

災害《さいがい》からくらしを守る①

目標時間《もくひょう》 20分

学習した日　　月　　日

名前

得点《とくてん》

100点満点《まんてん》

答え▶117ページ

1 次の写真のようなひ害《がい》を出す自然災害《しぜんさいがい》を，下からそれぞれ選《えら》んで，記号で答えましょう。 各《かく》10点【30点】

①

（朝日新聞社／PPS通信社）

②

（朝日新聞社／PPS通信社）

③

（ピクスタ）

（　　）　（　　）　（　　）

ア　火山のふん火　イ　台風や集中ごう雨　ウ　地震《じしん》

2 家庭での地震へのそなえについて，次の問いに答えましょう。 各10点【50点】

① ひなん用リュックに入れておくとよいものを，次から2つ選んで，記号で答えましょう。

（　　）（　　）

ア

イ

ウ

エ

② 家にいるときに地震が起こった場合の行動として正しいものを，次から1つ選んで，記号で答えましょう。

（　　）

ア　マンションなどの場合は，エレベーターでにげる。

イ　あわてて外に出ず，テーブルの下などにかくれる。

ウ　ゆれていても，できるだけ早く外ににげる。

③ 災害用伝言《でんごん》ダイヤルについて，次の文の（　　）に当てはまる数字や言葉を，〔　　〕から選んで答えましょう。

大きな地震などが発生して電話がつながりにくくなったときに，（㋐　　　）の番号に電話をかけると，（㋑　　　）を残《のこ》したり，再生《さいせい》したりできる。

〔　119　171　伝言　写真　〕

3 地いきでの自然災害からくらしを守る取り組みについて，次の問いに答えましょう。 各10点【20点】

① 地いきの住民《じゅうみん》でつくる自主防災組織《じしゅぼうさいそしき》の活動を，次から1つ選んで，記号で答えましょう。 （　　）

ア　住民を，ひなん場所まで安全にゆうどうする。

イ　津波《つなみ》についての予報《よほう》を出す。

ウ　津波ひなんタワーをつくる。

② 右の写真のような，食料や水，毛布《もうふ》やトイレなどをほかんしているしせつを何といいますか。 （　　　　）

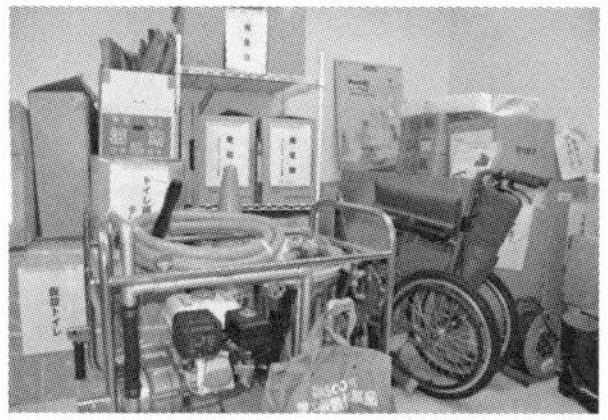
（朝日新聞社／PPS通信社）

災害《さいがい》からくらしを守る②

目標《もくひょう》時間 20 分　学習した日　月　日
名前
得点《とくてん》
100点満点《まんてん》
答え▶117ページ

1 自然災害《しぜんさいがい》からくらしを守る市や県の取り組みについて，次の問いに答えましょう。　各《かく》10点【70点】

① 市や県が，自然災害が起きたときに，どのように対応《たいおう》するかや，ひなん場所などを定めたものを何といいますか。（　　　　）

② 大きな自然災害が起きたときの，市や県の対応について，次の文の（　）に当てはまる言葉を，〔　〕から選《えら》んで答えましょう。

- 市は（㋐　　　　）をもうけ，関係機関《かんけいきかん》と協力《きょうりょく》して，住民《じゅうみん》の救助《きゅうじょ》にあたる。
- ひ害が大きいとき，県は（㋑　　　　）に出動を求《もと》め，食料《しょくりょう》や水をひさい地へ運んでもらう。
- 市がもうけた㋐は，（㋒　　　　）に協力を求め，ひさい者を救助して病院へ運んでもらう。

〔 通信指令室《つうしんしれいしつ》　消防《しょうぼう》　災害対さく本部
気象庁《きしょうちょう》　自衛隊《じえいたい》　ボランティア 〕

③ 市は，自然災害によるひ害のじょうほうなどを，どんな方法《ほうほう》で住民に伝《つた》えていますか。次から２つ選んで，記号で答えましょう。（　　）（　　）

ア 防災《ぼうさい》メール　イ 緊急地震速報《きんきゅうじしんそくほう》　ウ 防災無線《むせん》

④ 市や県がつくるハザードマップは，どんなことをしめした地図ですか。次から１つ選んで，記号で答えましょう。（　　）

ア 自然災害が近いうちに起こると予測《よそく》されている場所。
イ 自然災害のひ害が出そうな場所やひなん場所。
ウ 交通事故《じこ》がたくさん起きている場所。

2 津波《つなみ》にそなえたしせつやせつびを，次から２つ選んで，記号で答えましょう。各15点【30点】（　　）（　　）

ア

（ピクスタ）

イ

（ピクスタ）

ウ

（ピクスタ）

エ

（ピクスタ）

残《のこ》したいもの　伝《つた》えたいもの

目標《もくひょう》時間 20 分

学習した日　月　日

名前

得点《とくてん》

100点満点《まんてん》

答え ▶ 117ページ

1 愛媛県《えひめけん》に古くから残《のこ》る建物《たてもの》や芸《げい》のうの写真を見て，あとの問いに答えましょう。　各《かく》10点【40点】

（芳賀／PPS通信社）

① 写真の建物や芸のうについて，次の文の（　　）に当てはまる言葉を，〔　　〕から選《えら》んで答えましょう。

● ㋐は松山《まつやま》市にある道後温泉本館《どうごおんせんほんかん》で，きちょうな（㋐　　　　）として，ほぞんされている。

● ㋑は宇和島《うわじま》市に伝《つた》わる八ツ鹿《やつしか》おどりというきょう土芸のうである。きょう土芸のうには（㋑　　　　）があり，歌やおどりの一つ一つに意味がある。

〔　工芸品　　文化ざい　　いわれ　　神話　〕

② ㋐や㋑を守る人びとの気持ちを表しているものを，次から２つ選んで，記号で答えましょう。

（　　）（　　）

ア　古い建物をほぞんするのに，お金をかけたくない。

イ　子どもたちにも受けついでいってもらいたい。

ウ　たくさんの人にみりょくを知ってもらいたい。

2 写真の阿波《あわ》おどりについて，正しいものに○，まちがっているものに×をつけましょう。　各10点【30点】

（ピクスタ）

①（　　）阿波おどりは，毎年８月に徳島県《とくしまけん》徳島市で行われる。

②（　　）阿波おどりは，人びとがそれぞれ好《す》きな服そうで，自由におどる。

③（　　）阿波おどりは，北海道《ほっかいどう》や東京都《とうきょうと》など全国各地《かくち》でも行われている。

3 次の問いに答えましょう。　各10点【30点】

① 節分《せつぶん》や七五三など，毎年決まった時期に行われる行事を何といいますか。　（　　　　）

② 節分と七五三はどのような行事ですか。次から１つずつ選んで，記号で答えましょう。

節分（　　）　七五三（　　）

ア　子どもの成長《せいちょう》を祝《いわ》う行事。

イ　病気や災害《さいがい》を追いはらう行事。

ウ　川や山などの自然《しぜん》に感しゃする行事。

社会 10

きょう土をひらく①

目標時間《もくひょうじかん》 20分

学習した日　　月　　日

名前

得点《とくてん》

100点満点《まんてん》

答え▶117ページ

1 通潤橋《つうじゅんきょう》がつくられる流れをしめした次の図を見て，あとの問いに答えましょう。【52点】

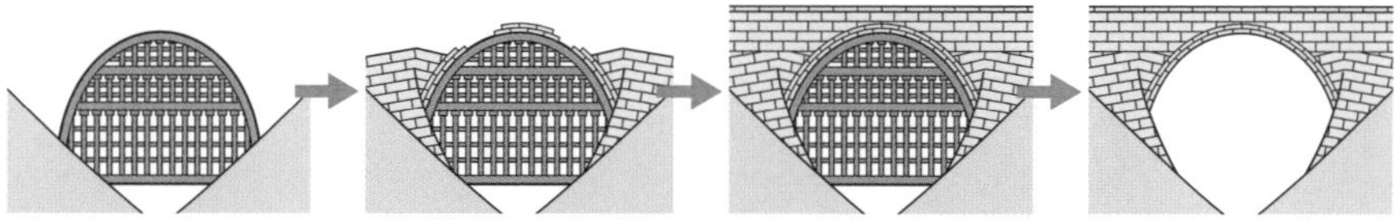

① 次のア～エの作業を，通潤橋の工事の順《じゅん》になるように，記号をならべかえましょう。（全部できて20点）

（　　）→（　　）→（　　）→（　　）

ア　木のわくをはずす。

イ　木のわくの上に，土台となる石を積《つ》む。

ウ　土台となる石の上に，さらに石を積む。

エ　木のわくを組み立てる。

② 通潤橋の石がきが上にいくほど角度が急な理由を，次から１つ選《えら》んで，記号で答えましょう。（16点）（　　）

ア　てきからせめられにくくするため。

イ　よりじょうぶな橋にするため。

ウ　水をたくさんためておけるようにするため。

③ 通潤橋の石がきをつくるときに参考《さんこう》にした建物《たてもの》を，次から１つ選んで，記号で答えましょう。（16点）（　　）

ア　道後温泉本館《どうごおんせんほんかん》　イ　熊本城《くまもとじょう》　ウ　瀬戸大橋《せとおおはし》

2 右の図は，見沼代用水《みぬまだいようすい》の流れをしめしています。あ～えの場所で行われたくふうを，次から１つずつ選んで，記号で答えましょう。各《かく》12点【48点】

あ（　　）

い（　　）

う（　　）

え（　　）

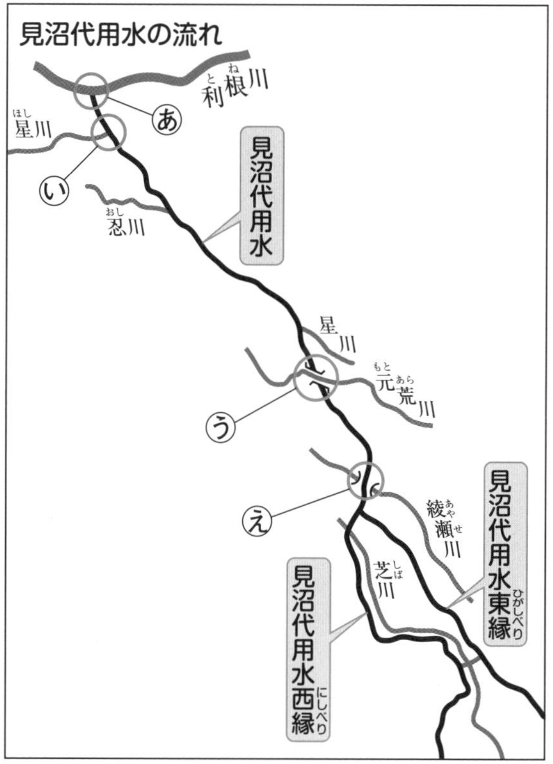

ア　川の上に橋をかけわたして，水を通した。

イ　川の底《そこ》より下に水路をつくって，水をくぐらせて流した。

ウ　川から取り入れる水量《すいりょう》を調節《ちょうせつ》できるように，水量の安定した川から水を引いた。

エ　もともと流れていた星《ほし》川と合流させて，工事の時間を短くした。

きょう土をひらく②

目標時間《もくひょう》 20 分

学習した日 月 日

名前

得点《とくてん》

100点 満点《まんてん》

答え ▶ 117ページ

1 通潤橋《つうじゅんきょう》の水の流れをしめした次の図を見て，あとの問いに答えましょう。 各《かく》10点【50点】

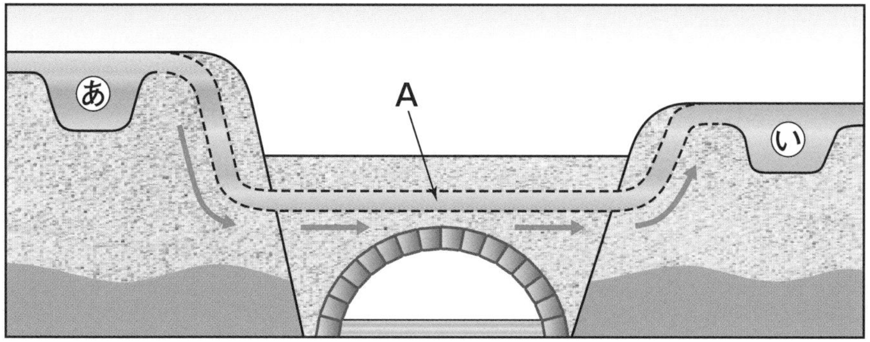

① 通潤橋の水を送るくふうについて，次の文の（ ）に当てはまる言葉を書きましょう。

通潤橋は，図のあといで(ア)がちがうように橋をつくり，少し高いあからいへ水が流れ，水が(イ)力を利用《りよう》して，水を送っている。

② Aの管《かん》は，はじめ木でつくられましたが，ある理由で，最終的《さいしゅうてき》に石でつくられました。ある理由とは何ですか。

（ ）

③ 通潤橋と通潤用水の完成後《かんせいご》のくらしの変化《へんか》で，正しいものに○，まちがっているものに×をつけましょう。

ア( ) 村を出ていく人が前よりふえた。

イ( ) 米がたくさんとれるようになった。

2 右の図を見て，次の問いに答えましょう。 各10点【50点】

① 図1のような，同じ高さのところを結《むす》んだ線を何といいますか。

（ ）

図1

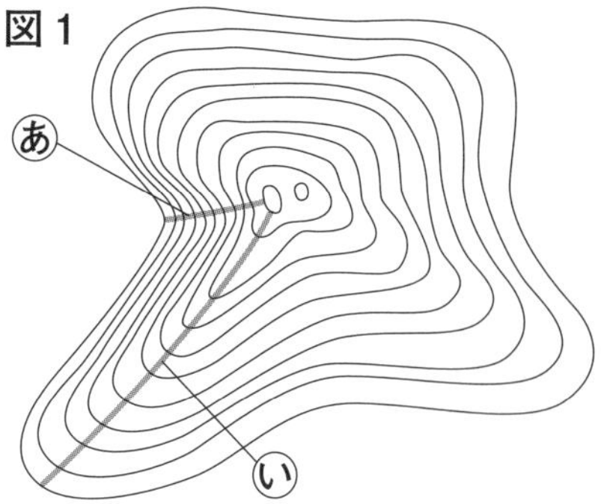

② 図1中のあといのしゃ面では，どちらのほうがかたむきが急ですか。記号で答えましょう。

（ ）

③ 図2中のうとえの場所の高さはそれぞれ何mですか。

図2

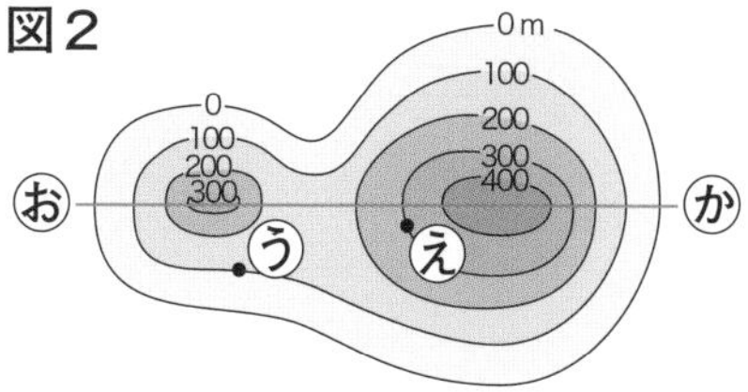

う(m) え(m)

④ 図2中のおからかの断面図《だんめんず》として正しいものを，次から１つ選《えら》んで，記号で答えましょう。 （ ）

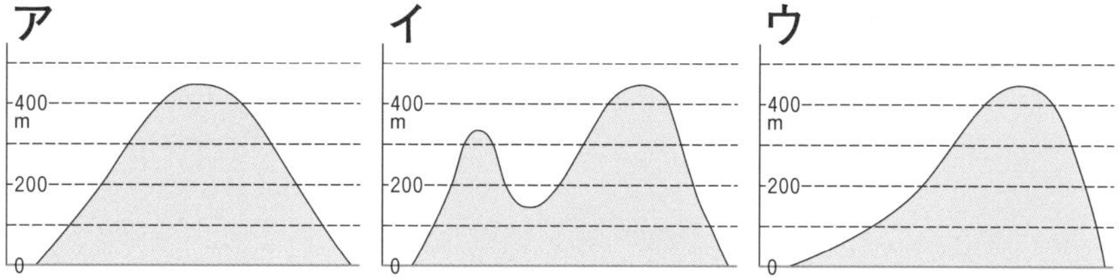

社会 12

かくにんテスト②

目標時間《もくひょうじかん》 20分

学習した日　　月　　日

名前

得点《とくてん》

100点満点《まんてん》

答え▶117ページ

1 次の自然災害《しぜんさいがい》への対さくに当てはまるものを，下から|つずつ選《えら》んで，記号で答えましょう。　各《かく》8点【32点】

① 水害 (　　)　② 火山のふん火 (　　)

③ 地震《じしん》 (　　)　④ 雪による災害 (　　)

ア 山小屋をほ強し，中にヘルメットなどをそなえる。

イ ゆれに強い建物《たてもの》にする工事を進める。

ウ 除雪車《じょせつしゃ》が出動するきじゅんを見直したり，道路の見通しが悪くならないように防雪《ぼうせつ》さくをもうけたりする。

エ ふえた川の水を一時的《いちじてき》にためるしせつをつくる。

2 右の写真は愛媛県《えひめけん》に伝《つた》わる伊予万歳《いよまんざい》です。これを見て，次の問いに答えましょう。　【18点】

① 伊予万歳のような，その土地に古くから伝わるおどりや音楽を何といいますか。（8点）

(　　　　)

（ピクスタ）

② 伊予万歳は，小学校のクラブ活動で教える取り組みが行われています。これにはどんな願《ねが》いがこめられていますか。（10点）

(　　　　　　　　)

3 見沼新田《みぬましんでん》と見沼代《みぬまだい》用水について，次の問いに答えましょう。　各10点【30点】

① 見沼新田を開き，見沼代用水を引いたのは，何をつくるためだったでしょうか。 (　　　　)

② 次の文は，見沼代用水が川と交差《こうさ》する場所で行われたくふうを説明《せつめい》しています。それぞれのくふうにあてはまる図を，下から選んで，記号で答えましょう。

㋐ 川の底《そこ》より下に水路をつくって，そこに水を流して川をくぐらせた。 (　　)

㋑ 川の上にはしをかけて，水を通した。 (　　)

ア

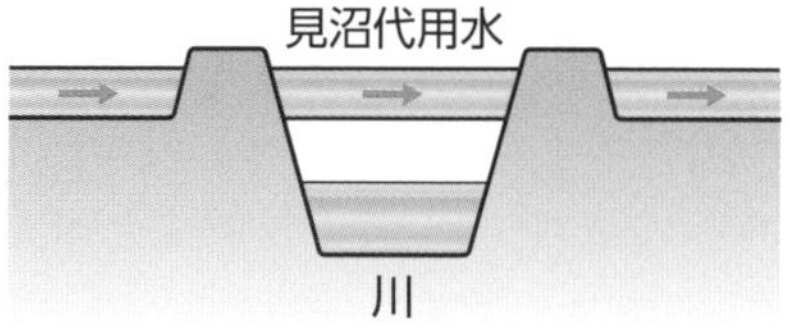

イ

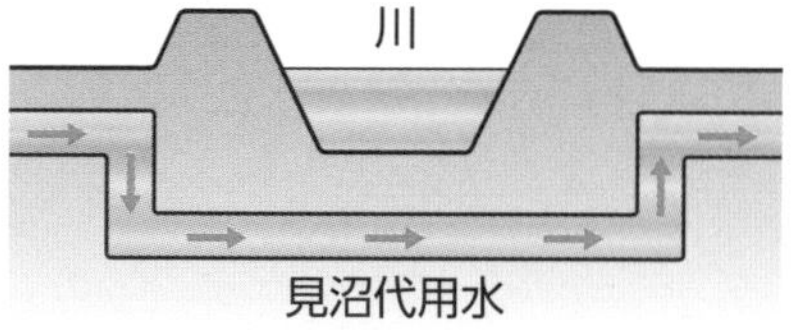

4 等高線について，次の文の（　　）に当てはまる言葉を書きましょう。　各10点【20点】

等高線は，海面からの（①　　　　）が同じところを結《むす》んだ線である。等高線の間かくが広いと土地のかたむきは（②　　　　）である。

社会
13
特色《とくしょく》ある地いきと人々のくらし①

目標時間《もくひょうじかん》 20 分

学習した日　　月　　日

名前

得点《とくてん》

100点満点《まんてん》

答え ▶ 118ページ

1 国際《こくさい》交流に取り組む宮城県《みやぎけん》の仙台《せんだい》市について，次の問いに答えましょう。　各《かく》10点【50点】

① 右のグラフは，仙台市の外国人住民数《じゅうみんすう》の変化《へんか》をしめしています。外国人住民はふえていますか。へっていますか。

(　　　　　　)

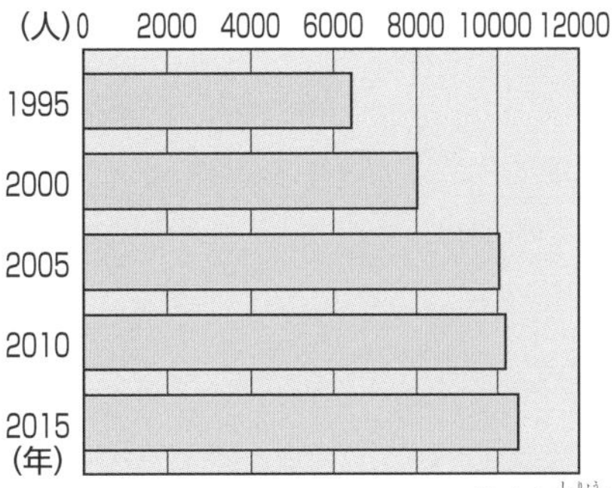

(仙台市資料《しりょう》)

② 外国人住民のうち，学問や日本の文化を学ぶために日本に来ている学生を何といいますか。(　　　　　　)

③ 仙台市の国際交流の取り組みについて，次の文の(　　)に当てはまる言葉を書きましょう。

外国の都市と国際(　　　　)都市や国際友好《ゆうこう》都市の関係《かんけい》を結《むす》び，文化やスポーツを通した交流をしている。

④ 仙台市で行われている，外国人住民と日本人住民が地いきで共生《きょうせい》していくための取り組みを，次から２つ選《えら》んで，記号で答えましょう。　(　　)(　　)

ア　外国人住民も参加《さんか》して，防災訓練《ぼうさいくんれん》を行っている。

イ　住む地いきや仕事をする地いきを分けている。

ウ　さまざまな言語で伝《つた》えるラジオを放送している。

2 岡山県《おかやまけん》の備前《びぜん》市でつくられている備前焼《びぜんやき》について，次の問いに答えましょう。　【50点】

① 備前市で備前焼づくりがさかんになった理由として正しいものを，次から２つ選んで，記号で答えましょう。

各10点（20点）(　　)(　　)

ア　世界から焼《や》き物をつくる人が集められたから。

イ　原料《げんりょう》となる土や燃料《ねんりょう》となる木が近くでとれたから。

ウ　国が備前焼を買うことをすすめたから。

エ　雨が少ない気候《きこう》が焼き物づくりに向いていたから。

② 下の絵は，備前焼ができるまでの様子をえがいたものです。作業の順《じゅん》に記号をならべかえましょう。

（全部できて20点）(　　)→(　　)→(　　)

③ 備前焼のように，昔からのぎじゅつや材料を用いて，主に手作業でつくられる工芸品《こうげいひん》のうち，国から指定を受けたものを何といいますか。（10点）(　　　　　　)

社会 14

特色《とくしょく》ある地いきと人々のくらし②

目標時間《もくひょうじかん》 20分

学習した日　月　日

名前

得点《とくてん》

100点満点《まんてん》

答え ▶ 118ページ

社会

1 宮城県《みやぎけん》の有名な観光地《かんこうち》である松島《まつしま》について，次の問いに答えましょう。 各《かく》10点【50点】

① 松島を次から１つ選《えら》んで，記号で答えましょう。 （　　）

（ピクスタ）

（東阪航空サービス／PPS通信社）

② 松島は日本三景《さんけい》の１つです。残《のこ》りの２つを次から選んで，記号で答えましょう。 （　　）（　　）

ア 厳島《いつくしま》　イ 東尋坊《とうじんぼう》　ウ 天橋立《あまのはしだて》　エ 富士山《ふじさん》

③ 松島がある松島町が定めているきまりについて，次の文の（　　）に当てはまる言葉を書きましょう。

新しい建物《たてもの》を建《た》てるときは，（　　　　）に合わない色や形にしないように，気をつけなくてはいけない。

④ 松島町が取り組むまちづくりの活動を，次から１つ選んで，記号で答えましょう。 （　　）

ア パンフレットは日本語だけでつくっている。

イ 自然《しぜん》を体験《たいけん》しながら学べる活動を取り入れている。

ウ 松島は遠くからしか見られないようにしている。

2 昔のものが多く残る福岡県《ふくおかけん》の太宰府《だざいふ》市について，次の問いに答えましょう。 各10点【50点】

① 太宰府市には，約《やく》1300年前に大宰府政庁《だざいふせいちょう》という国の役所が置《お》かれました。大宰府政庁の役わりを，次から２つ選んで，記号で答えましょう。（　　）（　　）

ア 九州《きゅうしゅう》など，広い地いきをおさめる。

イ 天皇《てんのう》がくらし，国の政治《せいじ》を動かす。

ウ 中国《ちゅうごく》や朝鮮《ちょうせん》半島から来た大事な客をもてなす。

② 太宰府市にある太宰府天満宮《だざいふてんまんぐう》にまつられている人物を次から選んで，記号で答えましょう。 （　　）

ア 徳川家康《とくがわいえやす》　イ 足利義満《あしかがよしみつ》　ウ 菅原道真《すがわらのみちざね》

③ 太宰府天満宮の参道《さんどう》で進められた取り組みについて，次の文の（　）に当てはまる言葉を，〔　〕から選んで答えましょう。右の参道の写真も参考にしましょう。

（Alamy／PPS通信社）

参道のまわりにある建物の（㋐　　　）をおさえるルールをつくった。また，参道にあった（㋑　　　）を地下にうめた。

〔 かん板　電線　高さ　はば 〕

社会 15

特色《とくしょく》ある地いきと人々のくらし③

目標時間《もくひょう》 20 分

学習した日　　月　　日

名前

得点《とくてん》

100点 満点《まんてん》

答え ▶ 118ページ

1 宮城県《みやぎけん》の石巻《いしのまき》市雄勝《おがつ》町でつくられる，右の写真の伝統的《でんとうてき》工芸品《こうげいひん》について，次の問いに答えましょう。　各《かく》10点【50点】

（ピクスタ）

① 写真の伝統的工芸品の名前を答えましょう。

（　　　　　　　）

② 写真の伝統的工芸品の原料《げんりょう》となるものを，次から１つ選《えら》んで，記号で答えましょう。　（　　　）

ア 土　　イ うるし　　ウ 木　　エ 石

③ 写真の伝統的工芸品の生産地《せいさんち》は，2011年に起きた自然災害《しぜんさいがい》で大きなひ害を受けました。その自然災害を，次から１つ選んで，記号で答えましょう。　（　　　）

ア 阪神《はんしん》・淡路大震災《あわじだいしんさい》　　イ 西日本豪雨《ごうう》

ウ 東日本大震災　　エ 豪雪《ごうせつ》

④ 写真の伝統的工芸品の近年の動きを，次から２つ選んで，記号で答えましょう。　（　　　）（　　　）

ア 小学生などが自分で考えたデザインの工芸品をつくる企画《きかく》を行っている。

イ 同じ原料を使って食器《しょっき》をつくっている。

ウ 新しい伝統産業《さんぎょう》会館はつくらないことにした。

2 国際《こくさい》交流がさかんな福岡県《ふくおかけん》の福岡市について，次の問いに答えましょう。　【50点】

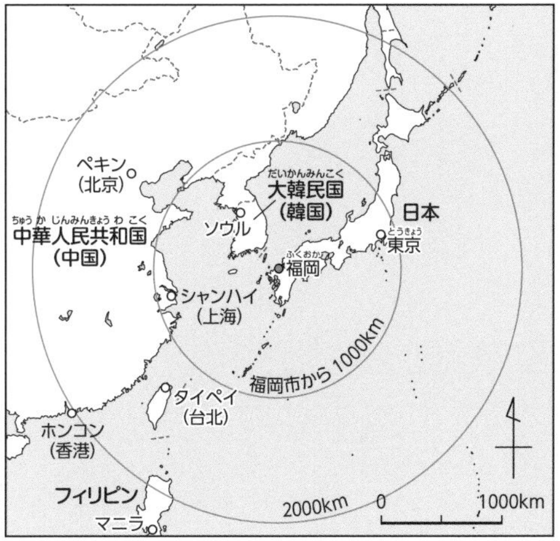

① 右の地図の日本や中国《ちゅうごく》，韓国《かんこく》がある地いきを何といいますか。次から１つ選んで，記号で答えましょう。　（10点）（　　　）

ア オセアニア

イ アジア

ウ ヨーロッパ

② 福岡市には，中国や韓国からたくさんの人が来ます。その理由を，地図を参考《さんこう》にして書きましょう。（15点）

（　　　　　　　　　　　　　　　　　　）

③ 国を表す印《しるし》として使われる旗《はた》のことを何といいますか。　（10点）（　　　　　）

④ 右は，福岡市内のバスの案内板《あんないばん》です。外国の人のためにどんなくふうがありますか。（15点）

［　　　　　　　　　　　　　］

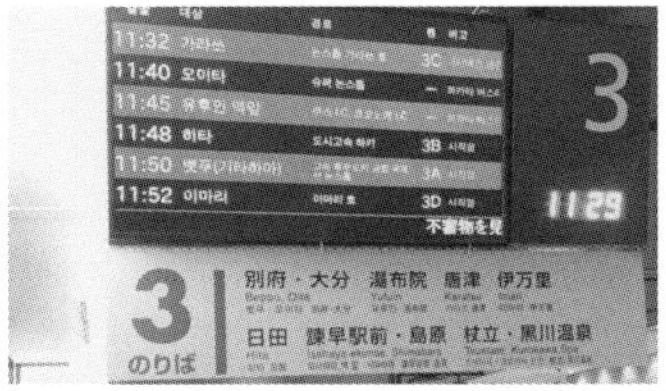

（Alamy／PPS通信社）

かくにんテスト③

目標時間《もくひょう》 20分

学習した日　月　日

名前

得点《とくてん》

100点満点《まんてん》

答え▶118ページ

1 右の宮城県《みやぎけん》の地図を見て，次の問いに答えましょう。 各《かく》10点【50点】

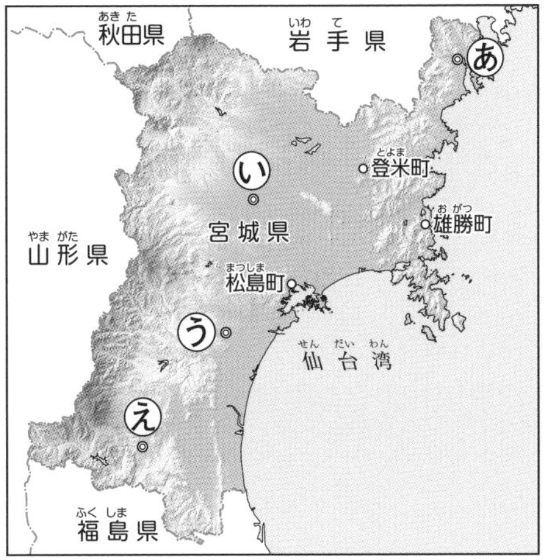

① 県庁所在地《けんちょうしょざいち》の仙台《せんだい》市の位置《いち》を，地図中のあ～えから１つ選《えら》んで，記号で答えましょう。 (　　)

② 仙台市の取り組みについて，次の文の（　）に当てはまる言葉を漢字２字で書きましょう。

子どもたちが外国の都市に行って，その国の文化に直せつふれるなどして，(　　　)交流を深めている。

③ 地図中の登米《とよま》町，松島《まつしま》町，雄勝《おがつ》町で見られるものを，次から１つずつ選んで，記号で答えましょう。

登米町(　　)　松島町(　　)　雄勝町(　　)

ア

(ピクスタ)

イ

(ピクスタ)

ウ

(東阪航空サービス／PPS通信社)

2 伝統的《でんとうてき》な産業《さんぎょう》でつくられる工芸品《こうげいひん》（焼《や》き物）について，次の問いに答えましょう。 各９点【27点】

① 福岡県《ふくおかけん》の東峰《とうほう》村でつくられている焼き物を，次から１つ選んで，記号で答えましょう。 (　　)

ア 小石原焼《こいしわらやき》　イ 瀬戸焼《せとやき》　ウ 伊万里《いまり》・有田焼《ありたやき》

② ①の原料《げんりょう》を次から１つ選んで，記号で答えましょう。

ア 石　イ 土　ウ 石油　エ 木 (　　)

③ 焼き物は何に入れて焼きますか。 (　　)

3 右の表は，福岡空港から入国した外国人の数をしめしています。表を見て，次の問いに答えましょう。 【23点】

国　名	入国者数(人)
アメリカ	19205
韓国《かんこく》	874832
タ　イ	49159
中国《ちゅうごく》	563085
フィリピン	24306
その他	101116

(2016年)(法務省《ほうむしょう》)

① どこの国から来た人が多いですか。多い順《じゅん》に２つ書きましょう。 (　　)

各７点（14点）(　　)

② 表の国の人たちも参加《さんか》して，毎年５月に福岡市で行われている祭りを次から１つ選んで，記号で答えましょう。（９点） (　　)

ア 神田祭《かんだまつり》　イ 祇園祭《ぎおんまつり》　ウ 博多《はかた》どんたく港まつり

春の生き物のようす

目標時間《もくひょう》 20分

学習した日　　月　　日

名前

得点《とくてん》

100点満点《まんてん》

答え 119ページ

1 小さなはちにヘチマのたねをまいて，育つようすを調べました。次の問題に答えましょう。 各《かく》10点【50点】

ア　　　　イ　　　　ウ

① ヘチマが育つ順《じゅん》に，ア～ウの記号を書きましょう。 全部できて（10点）

(　　)➡(　　)➡(　　)

② アのあ，いでは，最初《さいしょ》に出た葉はどちらですか。

(　　)

③ アのあ，いで，これから数がふえ，大きく育っていく葉はどちらですか。 (　　)

④ ヘチマを花だんや大きいプランターに植えかえます。ア～ウのどのころに植えかえますか。 (　　)

⑤ 植えかえるとき，根についた土はどのようにしますか。正しいほうの(　　)に○をつけましょう。

ア(　　)できるだけ土を落としてから植えかえる。

イ(　　)土はつけたまま植えかえる。

2 春のこん虫のようすを調べました。 各《かく》8点【40点】

ア　　　　イ　　　　ウ

① ア，イはそれぞれ，よう虫，成虫《せいちゅう》のどちらですか。

ア(　　)　イ(　　)

② ア，イのこん虫の名前は何ですか。

ア(　　)　イ(　　)

③ ウのこん虫は何をしているところですか。

(　　)

3 春のツバメのようすで，正しいほうに○をつけましょう。 【10点】

ア(　　)南の国からやってきて，巣《す》をつくっている。

イ(　　)北の国から，親と子ども(ひな)がいっしょにやってくる。

理科 2 電流のはたらき

目標時間《もくひょう》 20 分

学習した日　　月　　日

名前

得点《とくてん》

100点 満点《まんてん》

答え ▶ 119ページ

1 下の図のように，かん電池とモーターをつなぎました。次の問題に答えましょう。　各《かく》10点【30点】

ア

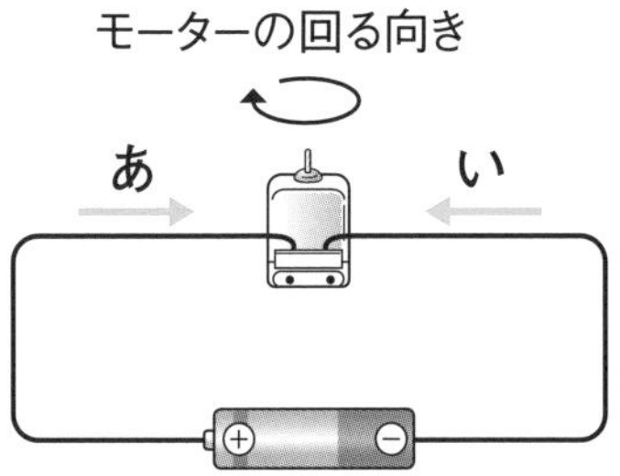

イ

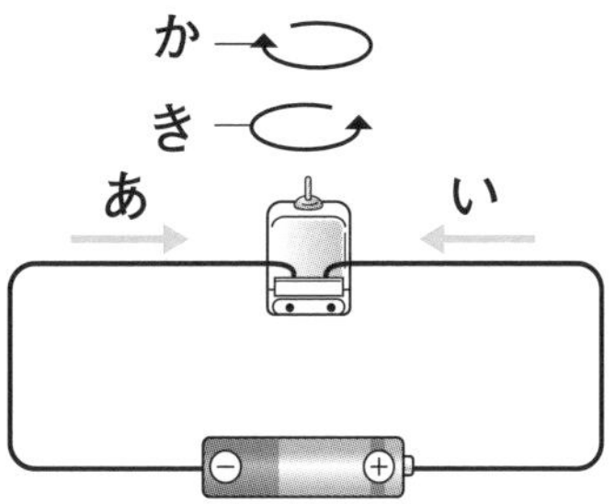

① ア，イでは，それぞれの電流は，あ，いのどちらの向きに流れていますか。　ア(　　　)　イ(　　　)

② イでは，モーターはか，きのどちらの向きに回りますか。　(　　　)

2 下の図のように，かん電池２ことモーターをつなぎました。ア，イのかん電池のつなぎ方を，それぞれ何つなぎといいますか。　各《かく》10点【20点】

ア

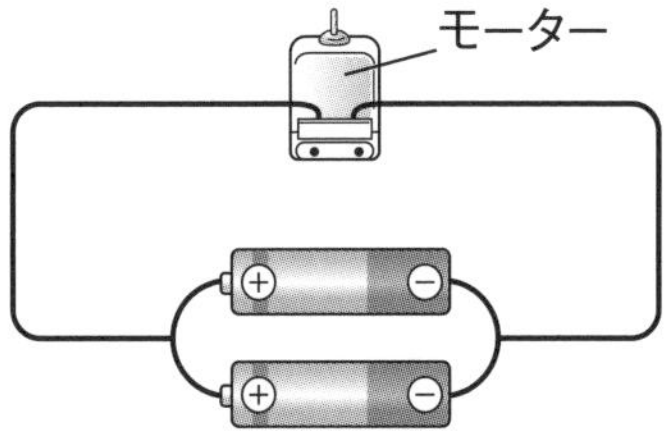

(　　　　)つなぎ

イ

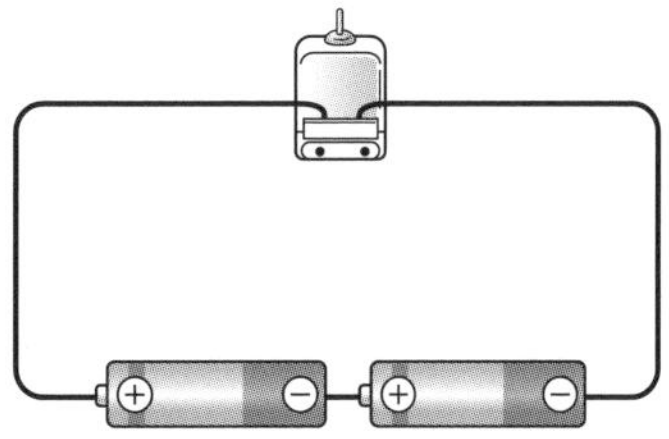

(　　　　)つなぎ

3 下の図のように，かん電池２こをつなぎました。　各《かく》10点【40点】

ア

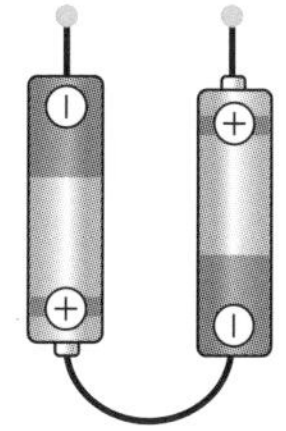

イ

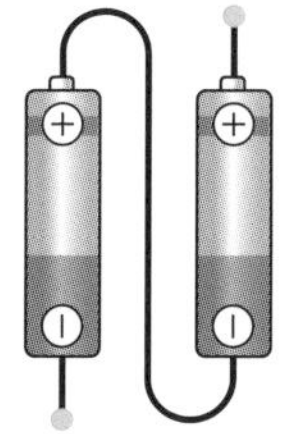

ウ

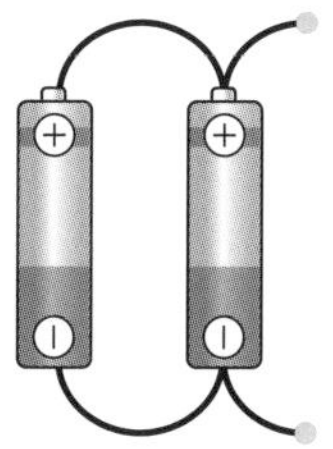

① 図の ● のところに豆電球をつないだとき，かん電池1ことつないだときよりも豆電球が明るくつくのは，ア～ウのどれとどれですか。　(　　と　　)

② モーターや，豆電球をつないだとき，回路に流れる電流が大きい(強い)のは，ア～ウのどれとどれですか。

(　　と　　)

③ モーターをつないだとき，モーターの回る速さがいちばんおそいのはア～ウのどれですか。(　　　)

④ アのかん電池の向きをそれぞれ反対にすると，モーターの回る向きはどうなりますか。

(　　　　　)

4 「豆電球」と「かん電池」を電気用図記号で表しましょう。　各《かく》5点【10点】

スイッチ	豆電球	かん電池

理科 3

流れる水のゆくえ

目標時間《もくひょうじかん》 20 分

学習した日　月　日

名前

得点《とくてん》

100点 満点《まんてん》

答え ▷ 119ページ

1 右の図のように，雨水の流れのそばに，ビー玉を入れたバットを置《お》いて，地面のかたむきを調べました。 各《かく》10点【30点】

① 地面が低《ひく》くなっている方向は，ビー玉の集まっている㋐の方向ですか，集まっていない㋑の方向ですか。

（　　）

② 雨水が流れていく方向は，ビー玉の集まっている㋐の方向ですか，集まっていない㋑の方向ですか。

（　　）

③ ②のように考えたのはなぜですか。次のア，イから選《えら》びましょう。 （　　）

ア　雨水は地面が高くなっている方向へ流れていくから。

イ　雨水は地面が低くなっている方向へ流れていくから。

2 地面を流れてきた雨水が集まるところでは，水たまりができるところと，できないところがあります。 各《かく》10点【20点】

① 雨の日に水たまりができやすいのは，土の運動場とすな場のどちらですか。 （　　　）

② 水たまりができないところでは，雨水はどこに消えたと考えられますか。 （　　　）

3 水たまりのできた「運動場の土」と，水たまりのできなかった「すな場のすな」を，下のようなそうちに別々《べつべつ》に入れて，同じ量《りょう》の水を同時に注ぎました。 各《かく》10点【30点】

	運動場の土	すな場のすな
つぶの大きさ	（　　　）	（　　　）
水のしみこみ方	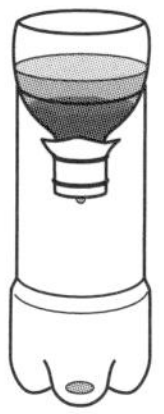 しみこむのに，時間がかかった。出てくる水の量が少なかった。	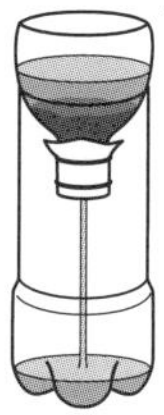 水を注いでいるとちゅうから，にごった水が出た。

① 結果《けっか》を表す右の表の（　）にあてはまることばを書きましょう。

② 右の表からわかることを，次のような文にまとめました。（　）にあてはまることばを書きましょう。

土のつぶが（　　　）ほど，水がしみこみやすい。

4 山のしゃ面などで，大量にふった雨が地面にしみこむことにより，がけくずれ，地すべり，土石流《どせきりゅう》などのさい害《がい》が起こることがあります。 各《かく》10点【20点】

① これらのさい害は，まとめて何さい害とよばれていますか。 （　　　）さい害

② 水のさい害にそなえて，地いきの特《とく》ちょうと，毎日のあるじょうほうを知ることが大切です。それは何ですか。

（　　　）

天気と気温の変化《へんか》

目標時間《もくひょうじかん》 20分

学習した日　　月　　日

名前

得点《とくてん》

100点満点《まんてん》

答え 119ページ

1 気温のはかり方や，天気の決め方について調べます。次の問題に答えましょう。　各《かく》5点【40点】

① 右の図のようにしたとき，気温は正しくはかることができますか。

（　　　　）

② ①で答えたわけを書きましょう。

（　　　　　　　　　　）

③ 気温の正しいはかり方について，次の文の（　）にあてはまることばを書きましょう。

気温は，まわりが開《ひら》けていて（㋐　　　　）がよく，日光が直せつ（㋑　　　　）場所の，地面から1.2～（㋒　　　　）mの高さではかります。

④ ③のような気温をはかるときのじょうけんに合わせてつくられた白い箱を何といいますか。（　　　　）

⑤ 晴れやくもりなどの天気は，何の量《りょう》で決まりますか。

（　　　　）

⑥ 青空が広がっていたり，雲があっても青空が見えていたりするときの天気は，晴れ，くもりのどちらですか。

（　　　　）

2 晴れの日と雨の日の1日の気温の変化を，グラフに表しました。次の問題に答えましょう。　【60点】

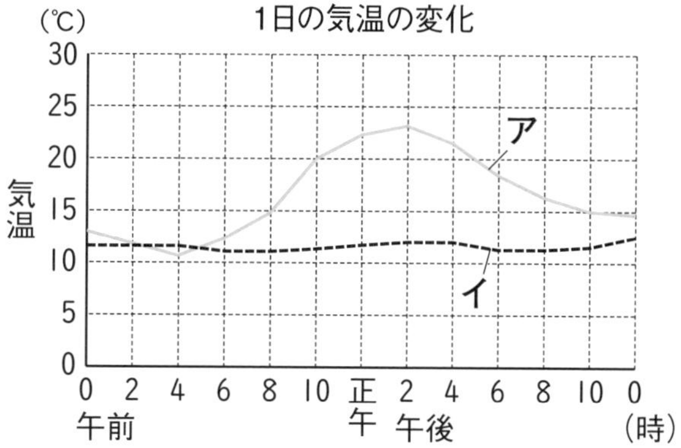

① 雨の日のグラフは，ア，イのどちらですか。　(10点)

（　　　　）

② ①で答えたわけを書きましょう。　(20点)

（　　　　　　　　　　）

③ 晴れの日で，気温が最高《さいこう》になるのは，午前，午後のどちらですか。(10点)　（　　　　）

④ 晴れの日で，気温が最低《さいてい》になるのは，日の出前，正午，日の入り後のどれですか。　(10点)

（　　　　）

⑤ 1日のうちで天気が晴れからくもりに変わると，気温の変化はア，イのどちらになりますか。　(10点)

ア　気温が上がる。　（　　　　）

イ　気温が上がりにくくなる。

かくにんテスト①

1 花だんにヘチマを植えかえました。【40点】

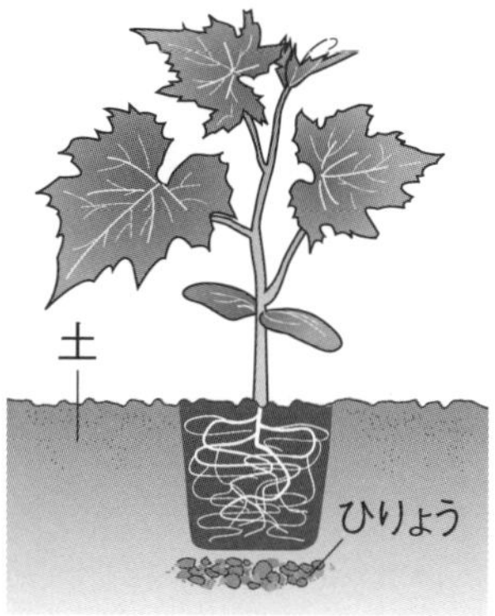

① ヘチマはどれくらい成長《せいちょう》したら植えかえますか。次のア，イから選《えら》びましょう。（10点）　（　　）

ア　子葉が出たらすぐに植えかえる。

イ　葉が３～４まいになったら植えかえる。

② くきが20～30cmになったら，どんな世話をしますか。（15点）　（　　　　）

③ 気温はヘチマの芽《め》が出たころにくらべて，どのようになりましたか。（15点）　（　　　　）

2 右のグラフは，晴れの日とくもりの日の１日の気温の変化《へんか》を表しています。くもりの日の気温の変化は，ア，イのどちらですか。【10点】

（　　　　）

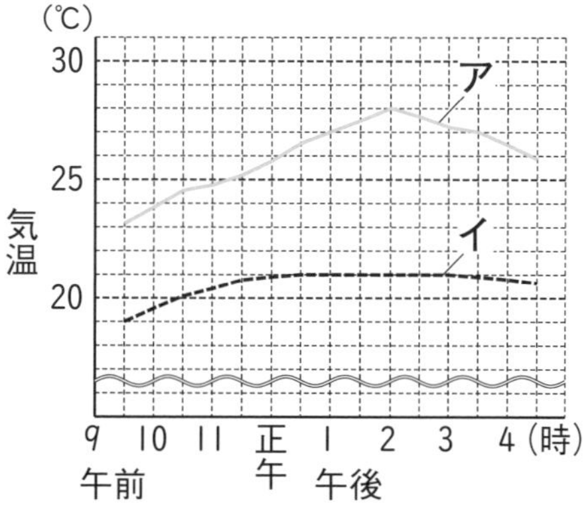

3 次の図のように，かん電池２ことモーターをつなぎました。【35点】

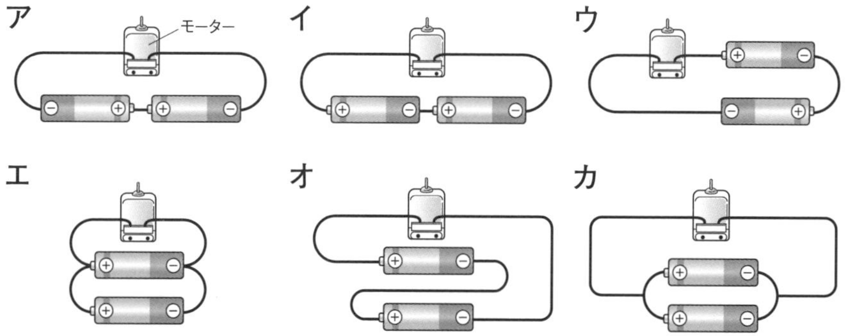

① かん電池が直列つなぎになっているものを，ア～カからすべて選びましょう。全部できて（15点）（　　　　）

② モーターが回らないものが，１つだけあります。ア～カのどれですか。（10点）　（　　）

③ モーターの回る向きが，１つだけちがうものがあります。ア～カのどれですか。（10点）　（　　）

4 地面を流れる雨水について調べました。次の文の（　）にあてはまることばを書きましょう。各《かく》5点【15点】

雨水は，地面の（①　　　　）ところから（②　　　　）ところに向かって流れていく。土のつぶが（③　　　　）ほど，雨水は地面にしみこみやすい。

理科 6

夏の生き物のようす

目標《もくひょう》時間 20 分

学習した日　月　日

名前

得点《とくてん》

100点 満点《まんてん》

答え 119ページ

1 次の図は，ヘチマのくきの長さと気温の変《か》わり方を表したグラフです。正しいものを1つ選《えら》び，（　　）に○をつけましょう。【20点】

ア（　　　）

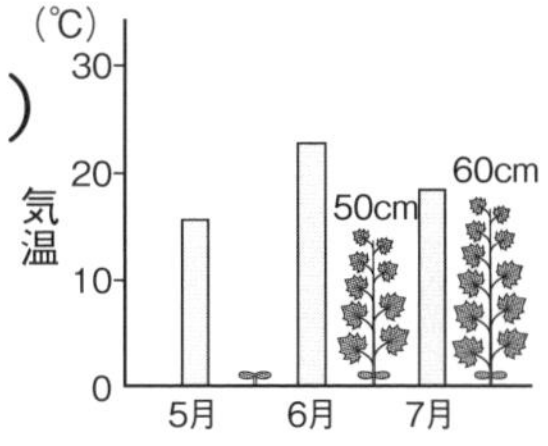

イ（　　　）

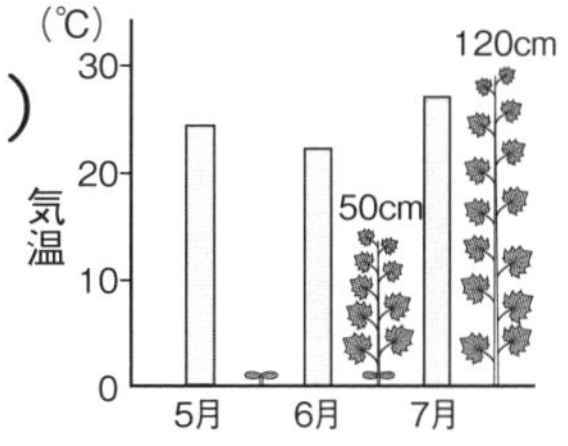

ウ（　　　）

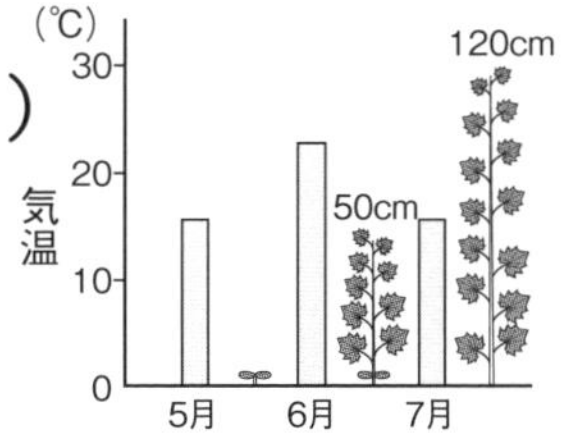

エ（　　　）

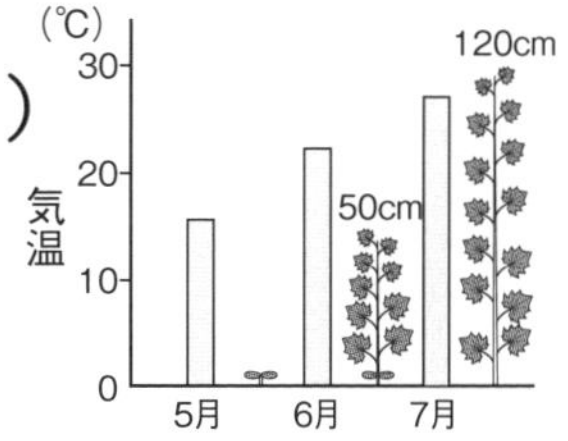

はってん

2 右の2つの花は，同じ植物のものです。各《かく》10点【20点】

ア

イ

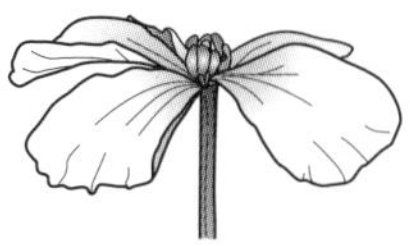

① 植物の名前を書きましょう。

（　　　　　　　　）

② 実になるのは，ア，イのどちらの花ですか。

（　　　）

3 夏の動物のようすを調べました。各《かく》10点【30点】

① 右の図のこん虫の名前は，トノサマバッタとオオカマキリのどちらですか。

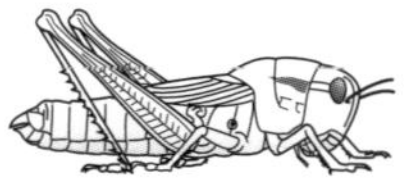

（　　　　　　　）

② ①のこん虫は，よう虫・成虫《せいちゅう》のどちらですか。

（　　　　　）

③ 春のころにくらべて，夏に見られるこん虫の数や種類《しゅるい》はふえましたか。（　　　　　　　）

4 おたまじゃくしの育つようすを調べました。各《かく》10点【30点】

ア

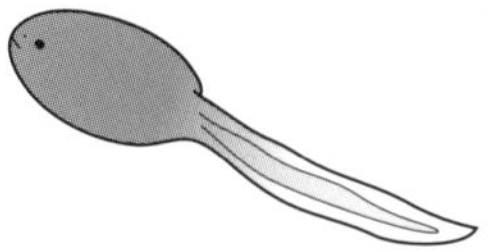

イ

ウ

① 育つ順《じゅん》に，記号を書きましょう。全部できて（10点）

（　　➡　　➡　　）

② 陸《りく》に上がるようになるのは，ア～ウのどれですか。

（　　）

③ おたまじゃくしとカエルの食べ物は同じですか，ちがいますか。（　　　　　　　）

星の明るさと色や動き

目標時間《もくひょうじかん》 20分

学習した日　月　日

名前

得点《とくてん》

100点満点《まんてん》

答え 120ページ

1 下の図は，7月7日午後9時のある方位《ほうい》の星のようすです。次の問題に答えましょう。 各《かく》10点【60点】

① 図の星が見える方位は，東・西・南・北のどれですか。
(　　　)

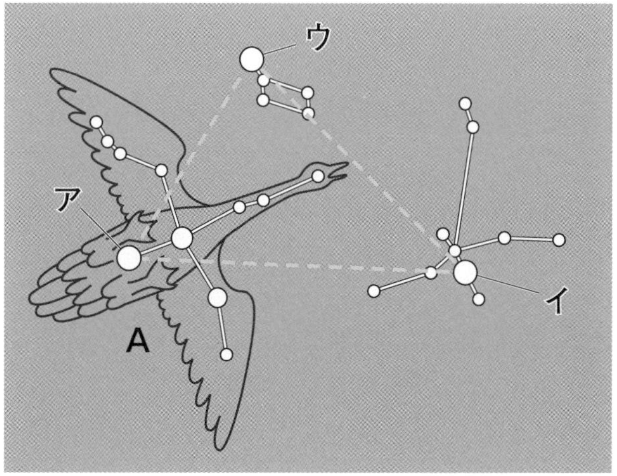

② ア～ウの3つの星をつないでできる三角形を何といいますか。 (　　　　　)

③ ア～ウの星はどれも同じ明るさです。何等星ですか。
(　　　　)

④ アの星を何といいますか。あ～うから選《えら》びましょう。
(　　)

あ ベガ　　い デネブ　　う アルタイル

⑤ ア～ウの星は，赤っぽい・白っぽいのどちらの色をしていますか。 (　　　　)

⑥ A《エー》の星ざを何といいますか。 (　　　　　)

2 下の図は，ある日の午後7時ごろのオリオンざの位置《いち》を記録《きろく》したものです。 各《かく》10点【20点】

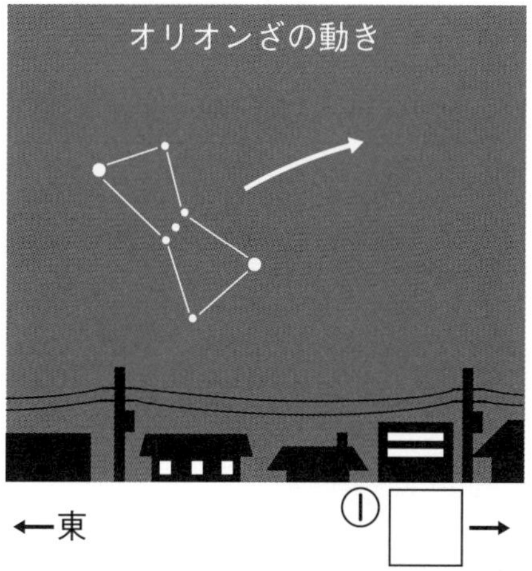

① 左の図の□にあてはまる方位を書きましょう。

② 午後9時のオリオンざのかたむきや星のならび方は，どのようになっていますか。下のア～ウから，正しいものの記号を書きましょう。 (　　)

②
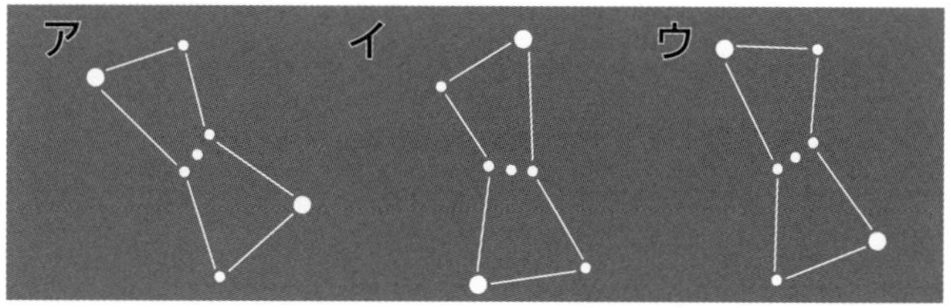

3 星や星ざの動きで，正しいものを2つ選び，(　)に○をつけましょう。 各《かく》10点【20点】

ア(　　)時間がたつとならび方が変《か》わる。

イ(　　)時間がたってもならび方は変わらない。

ウ(　　)時間がたつと見える位置が変わる。

エ(　　)時間がたっても見える位置は変わらない。

理科 8

月の動き

はってん

1 下の図のように見える月について調べました。次の問題に答えましょう。
各《かく》10点【70点】

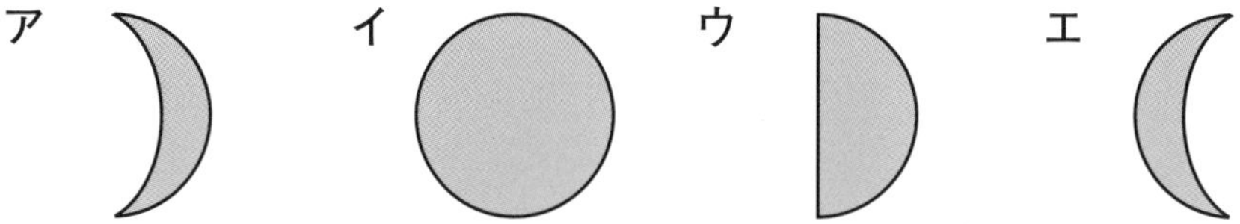

① 満月《まんげつ》，半月《はんげつ》，三日月《みかづき》は，それぞれア～エのどれですか。

満月(　　　)　半月(　　　)　三日月(　　　)

② 午後６時ごろ，東の空に見える月は，ア～エのどれですか。(　　　)

③ 午後３時ごろ，南東の空に見える月は，ア～エのどれですか。(　　　)

④ ウの月が見えてから，イの月が見えるまで，何日ぐらいかかりますか。あ～うから選《えら》びましょう。(　　　)

あ　３日　　い　７日　　う　１０日

⑤ 月の形と動きについて，正しいもの１つに○をつけましょう。

あ(　　)満月だけは太陽と同じように動く。

い(　　)月の形が変《か》わると動き方も変わる。

う(　　)どの形の月も太陽と同じように東から西へと動く。

え(　　)満月だけは太陽とちがう動きをする。

2 右の図は，１時間ごとの月の位置《いち》を記録《きろく》したものです。次の問題に答えましょう。
各《かく》5点【10点】

① ア～ウは，それぞれ何時ごろの位置ですか。正しいもの１つに○をつけましょう。

あ(　　)アは午後４時，イは午後３時，ウは午後２時

い(　　)アは午後２時，イは午後３時，ウは午後４時

う(　　)アは午後９時，イは午後８時，ウは午後７時

② 図の月は，北・南・東のどの方位《ほうい》へ動いているでしょうか。(　　　　)

3 右の図の○は，月の位置を表しています。
各《かく》5点【20点】

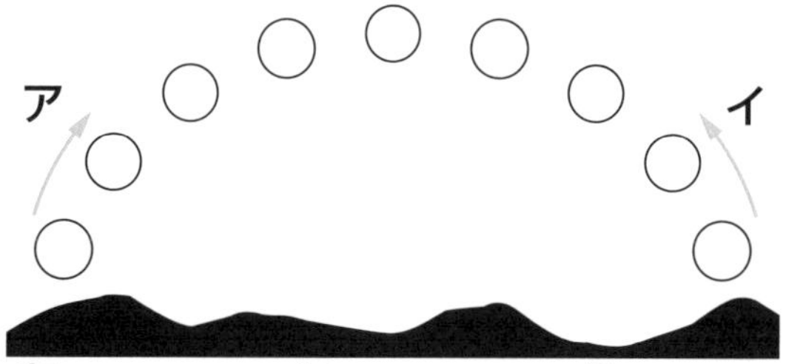

あ(　　　)　い(　　　)　う(　　　)

① あ～うの方位を(　　)に書きましょう。

② 月は，ア，イのどちらの向きに動きますか。(　　　)

理科 9

とじこめた空気や水

目標時間《もくひょうじかん》 20 分

学習した日　月　日

名前

得点《とくてん》

100点 満点《まんてん》

答え 120ページ

1 次の図のように，ちゅうしゃ器《き》に空気をとじこめ，ピストンをおしていきます。

各《かく》10点【40点】

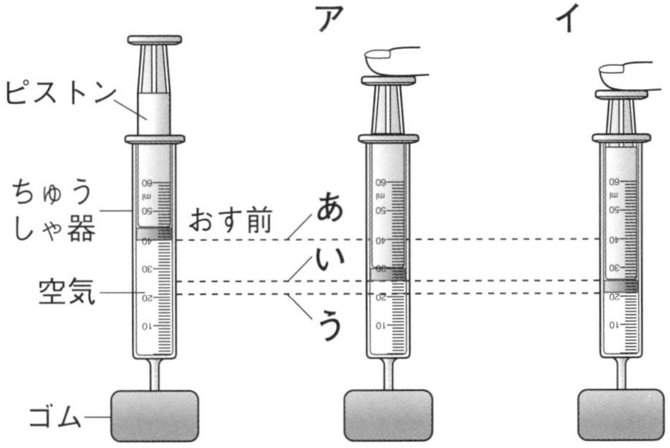

① ピストンを強くおしているのは，ア，イのどちらですか。　(　　)

② ちゅうしゃ器の中の空気の，おし返す力(手ごたえ)が大きい(強い)のは，ア，イのどちらですか。　(　　)

③ アのピストンをおしている手をはなすと，ピストンの位置《いち》はあ～うのどれになりますか。　(　　)

④ イのピストンをおしている手をはなすと，ピストンの位置はあ～うのどれになりますか。　(　　)

2 とじこめた空気のせいしつを利用《りよう》したもの2つに，○をつけましょう。

各《かく》5点【10点】

ア(　　)せん風機《ぷうき》　イ(　　)方位《ほうい》じしん

ウ(　　)自転車のタイヤ　エ(　　)ボール

3 次の図のように，ちゅうしゃ器に水と空気を半分ずつとじこめ，ピストンをおすと体積《たいせき》が小さくなりました。

各《かく》10点【40点】

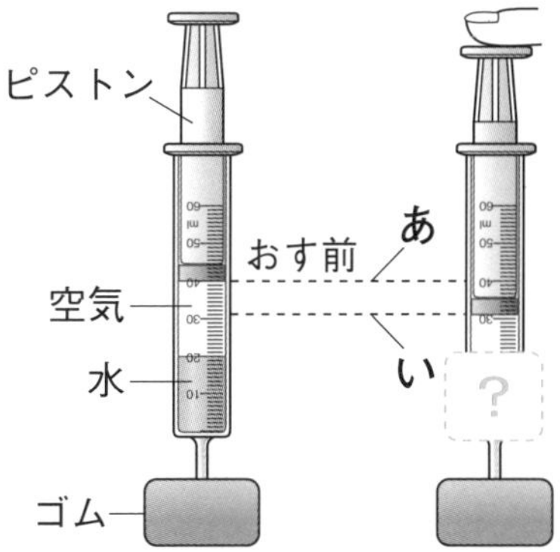

① 体積が小さくなったのは，次のア～ウのどれですか。

ア 水　(　　)

イ 空気　ウ 水と空気

② ピストンをおしている手をはなすと，ピストンの位置は，あ，いのどちらになりますか。　(　　)

③ 次の文の(　　)にあてはまることばを書きましょう。

とじこめた水と空気をおすと，体積が小さくなるのは(　　　　)で，おしちぢめられた(　　　　)はもとにもどろうとする。

4 空気でっぽうのおしぼうをおすと，玉が飛《と》び出します。玉が飛び出すわけで，正しいほうに○をつけましょう。【10点】

ア(　　)おしぼうが玉をおすから。

イ(　　)体積が小さくなった空気が，もとにもどろうとする力で，玉をおし出すから。

かくにんテスト②

目標時間《もくひょうじかん》 20 分

学習した日　　月　　日

名前

得点《とくてん》

100点満点《まんてん》

答え ▶ 120ページ

1 次の図のように，つつの中の空気をおしています。

各《かく》10点【40点】

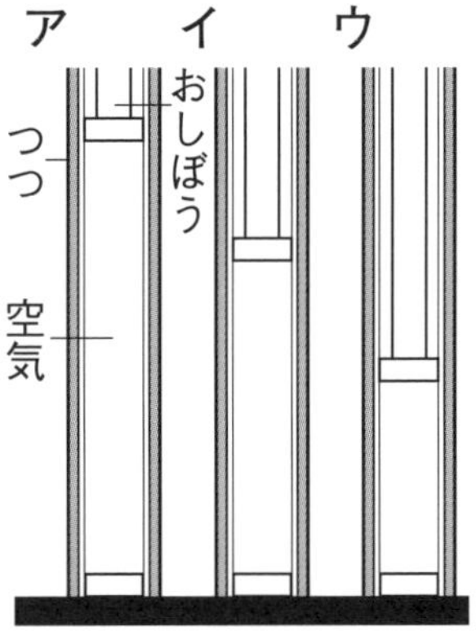

① つつの中の空気の体積《たいせき》が，いちばん小さくなっているのは，ア～ウのどれですか。（　　　）

② おしぼうをおす手ごたえがいちばん小さいのは，ア～ウのどれですか。（　　　）

③ おしぼうをおす手ごたえがいちばん大きいのは，ア～ウのどれですか。（　　　）

④ 空気のかわりにつつの中に水を入れておしぼうをおすと，おしちぢめることはできますか。（　　　　　）

2 次の文は，夏のころの生き物のようすを表しています。正しいもの２つに○をつけましょう。

各《かく》5点【10点】

①（　　）春のころとくらべて，ヘチマの葉の数がふえ，くきはどんどんのびた。

②（　　）サクラの花は散《ち》っていて，たくさんの葉がある。

③（　　）ツルレイシは実がじゅくして，たねが地面に落ちている。

3 星ざの動きを観察《かんさつ》しました。

各《かく》5点【15点】

① 右の図の星ざを何といいますか。［　　］から選《えら》び，書きましょう。

（　　　　　　　　）

わしざ　　さそりざ　　ことざ

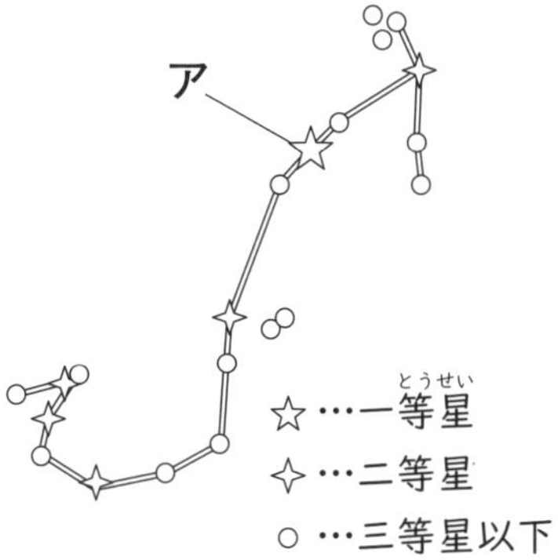

② アの星を何といいますか。

（　　　　　　　　）

③ アの星は，どのような色をしていますか。次のあ～うから選び，○をつけましょう。

あ（　　）赤っぽい　　い（　　）白っぽい

う（　　）青っぽい

4 月の動きについて，次の文の（　　）にあてはまる方位《ほうい》（東・南・西・北）やことばを書きましょう。

各《かく》5点【35点】

① 半月《はんげつ》は，（　　　　）から出て，（　　　　）の空高くを通り，（　　　　）へしずむ。

② 満月《まんげつ》は，（　　　　）から出て，（　　　　）の空高くを通り，（　　　　）へしずむ。

③ 半月も満月も，（　　　　）と同じような動きをする。

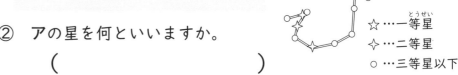

理科

11 秋の生き物のようす

目標《もくひょう》時間 20 分

学習した日　月　日

名前

得点《とくてん》

100 点 満点《まんてん》

答え ▶ 120ページ

1 秋のころのヘチマの育ちは，夏のころとくらべてどのように変《か》わっていますか。　各《かく》10点【20点】

① 葉のようすで，正しいものに○をつけましょう。

ア(　　)数がふえている。

イ(　　)大きく育っている。

ウ(　　)かれ始めている。

② くきのようすで，正しいほうに○をつけましょう。

ア(　　)ぐんぐんのびている。

イ(　　)かれ始めている。

2 次の①～③の実の中にあるたねは，ア～ウのどれですか。線で結《むす》びましょう。　全部できて【30点】

① ヒョウタン

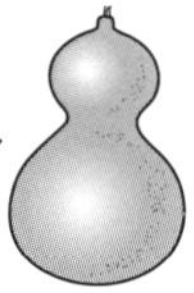

② ヘチマ

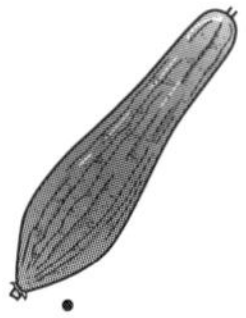

③ ツルレイシ

ア

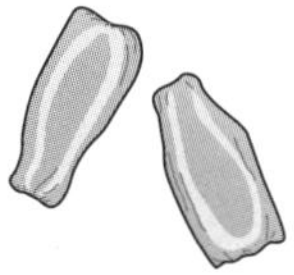

イ

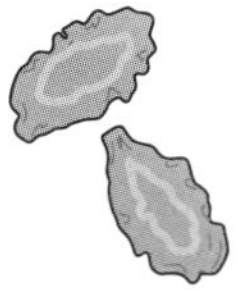

ウ

3 秋のころのサクラのようすを調べました。　各《かく》10点【20点】

① 秋のサクラのようすは，ア～ウのどれですか。

(　　)

ア　イ　ウ

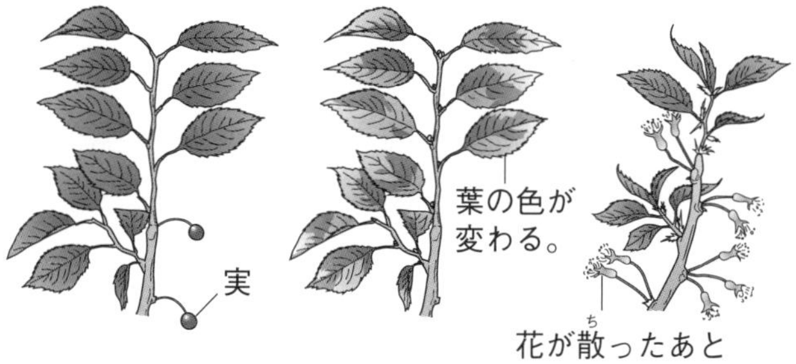

② サクラの葉は，①で答えたあと，どうなりますか。

(　　　　　　　　)

4 秋のころのこん虫のようすについて，問題に答えましょう。　各《かく》10点【30点】

① ア，イのこん虫は，それぞれ何をしているところですか。

ア(　　　　　)

イ(　　　　　)

ア

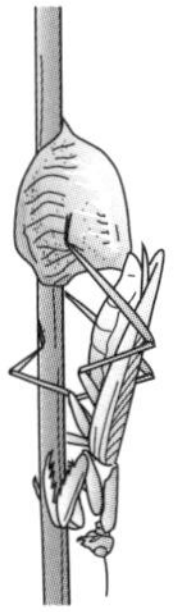

イ

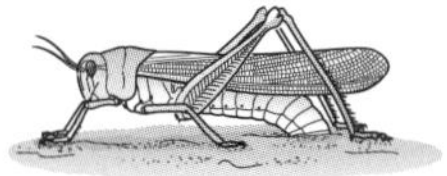

② ア，イのこん虫は，これから寒くなっても秋のころと同じように見られますか。(　　　　　)

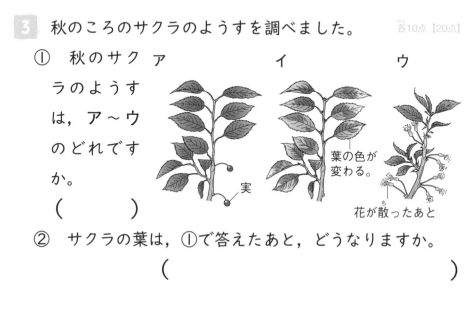

動物のからだのつくりと運動

1 人のからだのほねときん肉について，次の問題に答えましょう。　各《かく》8点【80点】

① からだの中にある，はいと心ぞうを守るはたらきをするほねはどのほねですか。□から選《えら》び，記号で答えましょう。(　　　)

あ　こしのほね
い　頭のほね
う　むねのほね

図1

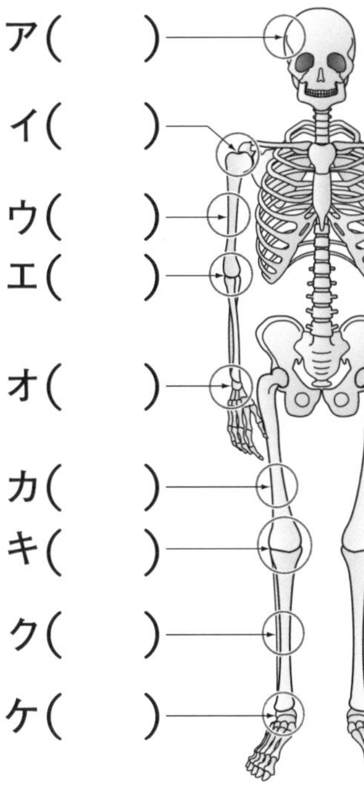

② 次の文の(　)にあてはまることばを書きましょう。

ほねには，①のようにからだを守るはたらきと，からだを(　　　　)はたらきがあります。

③ 図1で，関節《かんせつ》のある部分をア～ケから5つ選び，(　)に○をつけましょう。

④ 図2で，うでを曲げるときにちぢむきん肉はア，イのどちらですか。　(　　　)

図2

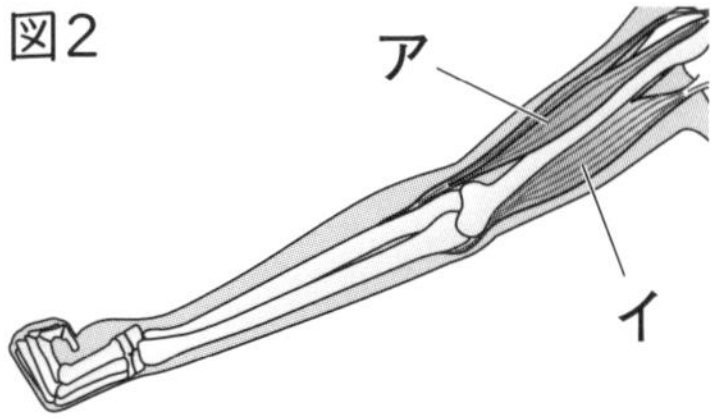

⑤ 図2で，うでをのばすときにちぢむきん肉はア，イのどちらですか。　(　　　)

⑥ 図3のように，重いものを持ったときに，かたくなるきん肉はア，イのどちらですか。

(　　　)

図3

2 次の図は，ウサギのからだのほねときん肉のつくりを表しています。下の文の〔　　〕からあてはまることばを選び，○でかこみましょう。　各《かく》10点【20点】

ウサギのあしのきん肉が発達《はったつ》しているのは，〔 とびはねる　ゆっくり歩く 〕のにつごうがよいからです。

また，ウサギには人と同じような関節《かんせつ》が〔 あり　なく 〕，ほねやきん肉のはたらきで体はささえられ，動くことができます。

理科

13 ものの温度と体積《たいせき》

目標《もくひょう》時間 20 分　学習した日　月　日　名前

得点《とくてん》　100 点 満点《まんてん》

答え ▶ 120ページ

1 次の図のように，試験管《しけんかん》の口にせっけん水のまくをつけて，試験管を湯と氷水につけます。 各《かく》10点【50点】

① 試験管を湯につけると，中の空気の温度はどうなりますか。正しいもの１つに○をつけましょう。

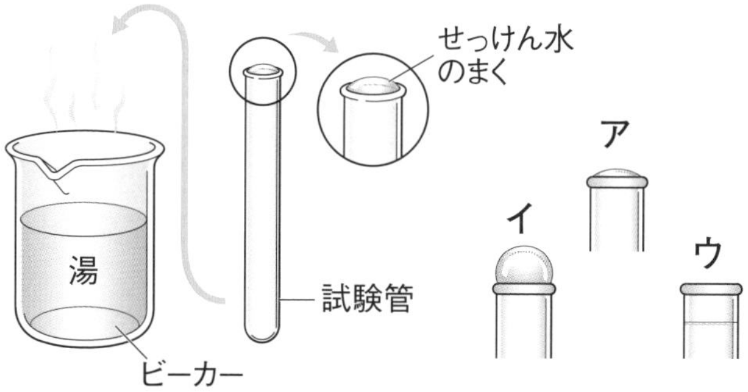

あ(　　)高くなる。　い(　　)低《ひく》くなる。

う(　　)変《か》わらない。

② 試験管を湯につけると，せっけん水のまくはどのようになりますか。上の図のア～ウから選《えら》びましょう。(　　)

③ 試験管を湯から出して，氷水の入ったビーカーにしばらくつけると，せっけん水のまくは，上の図のア～ウのどれになりますか。(　　)

④ 次の文の〔　　〕の中から正しいほうを選んで，○でかこみましょう。

空気は，あたためると体積が〔小さく　大きく〕なり，冷《ひ》やすと体積が〔小さく　大きく〕なります。

2 次の図のようにして，試験管を湯と氷水につけます。 各《かく》10点【20点】

① 試験管を湯につけると，ガラス管の水面は，次のあ～うのどれになりますか。(　　)

あ　アの向きへ動く。　い　イの向きへ動く。

う　動かない。

② 試験管を氷水につけると，ガラス管の水面はどうなりますか。①のあ～うから選びましょう。(　　)

3 右の図で，熱《ねつ》する前の金ぞくの玉は，わをギリギリ通りぬけました。 各《かく》15点【30点】

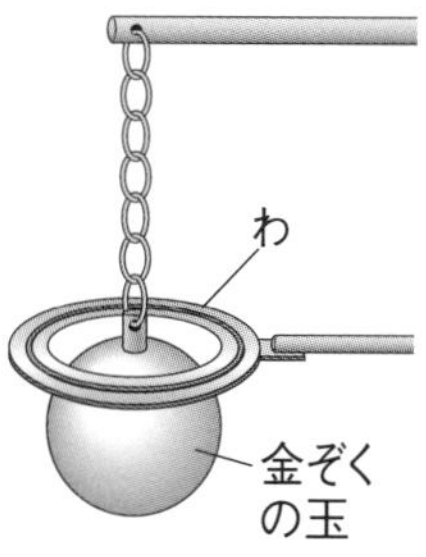

① 金ぞくの玉を熱すると，金ぞくの玉は，わを通りぬけますか。

(　　　　　　)

② 熱した金ぞくの玉を水に入れて冷やすと，金ぞくの玉は，わを通りぬけますか。

(　　　　　　)

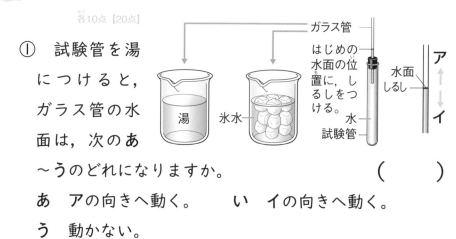

かくにんテスト③

目標《もくひょう》時間 20分

学習した日　月　日

名前

得点《とくてん》

100点満点《まんてん》

答え 121ページ

1 次の図は，ヘチマの記録《きろく》カードです。【40点】

① カードの㋐～㋒には，気温が入ります。高いほうから順《じゅん》に記号を書きましょう。（30点）

（　　　➡　　　➡　　　）

② カードのカ～クにあてはまる文をそれぞれ，次のあ～うから選《えら》び，カードの□に記号を書きましょう。（10点）

あ　くきがよくのびて，葉がしげるようになった。
い　葉はかれて，実の中にはじゅくしたたねがあった。
う　くきはのびなくなり，葉がかれ始めてきた。

2 次の図のように，空気の入ったやわらかいよう器《き》をへこませてふたをし，湯につけました。よう器はどうなりますか。【10点】

（　　　　　　　　　）

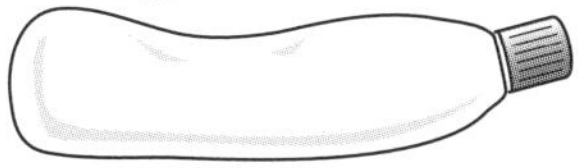

3 秋の動物のようすで，正しいものには○，まちがっているものには×をつけましょう。各《かく》5点【20点】

ア（　　）ナナホシテントウの成虫《せいちゅう》がたまごを産《う》んでいる。
イ（　　）アメリカザリガニの活動がさかんになった。
ウ（　　）オオカマキリのたまごからよう虫がかえった。
エ（　　）ツバメが南の国へわたり始めている。

4 水をあたためたり，冷《ひ》やしたりして体積《たいせき》の変《か》わり方を調べます。体積の変わり方がわかりやすいのは，右の図のア，イのどちらですか。【10点】

（　　）

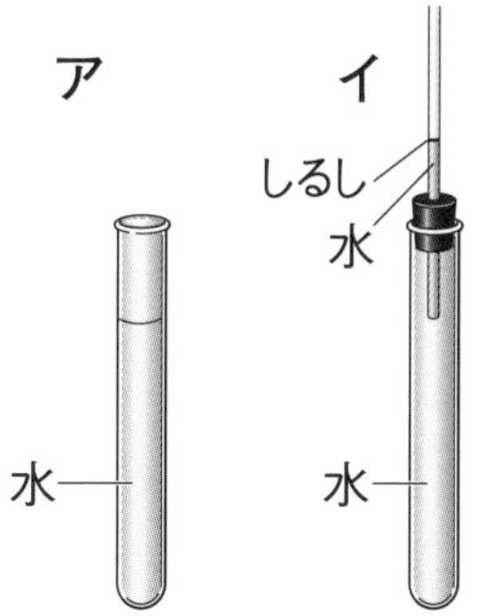

5 人のからだのつくりについて，次の問題に答えましょう。各《かく》10点【20点】

① 図のAのように，よく動く部分のほねのつなぎ目を何といいますか。

（　　　　　）

② うでをのばすときにゆるむきん肉はア，イのどちらですか。（　　　）

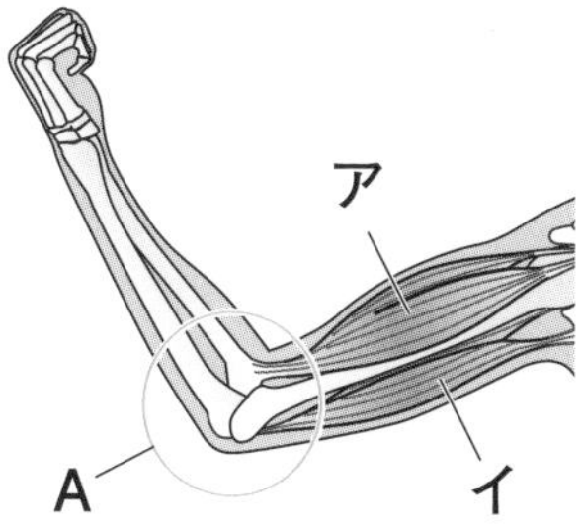

理科 15

もののあたたまり方

目標時間《もくひょうじかん》 20 分

学習した日　月　日

名前

得点《とくてん》

100点満点《まんてん》

答え 121ページ

1 下の図1，図2のように，ろうをぬった金ぞくのぼうを熱《ねっ》します。次の問題に答えましょう。　各《かく》15点【30点】

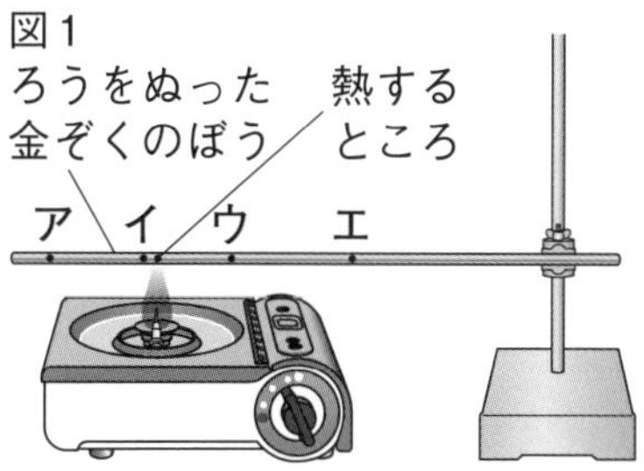

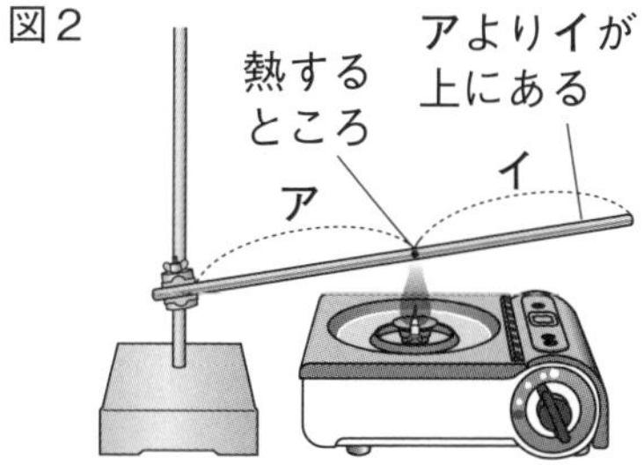

① 図1で，ろうがとけていく順《じゅん》にア～エを書きましょう。　全部できて（15点）　（　　➡　　➡　　➡　　）

② 図2でろうのとけ方で，正しいほうを次のか，きから選《えら》び，記号で答えましょう。　（　　）

か　アの部分のろうはとけないが，イの部分のろうはとける。

き　ア，イの部分のろうは，火に近いところからとける。

2 右の図のようにして，水のあたたまり方を調べました。　各《かく》15点【30点】

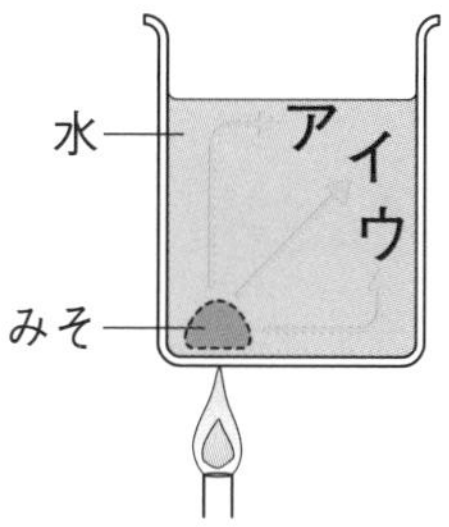

① みそは，ア～ウのどの向きに動きますか。　（　　）

② あたためられた水は，どのように動きますか。　（　　　　　　　　）

3 右の図のように，ろうをぬった切れこみのある金ぞくの板を熱します。　各《かく》10点【20点】

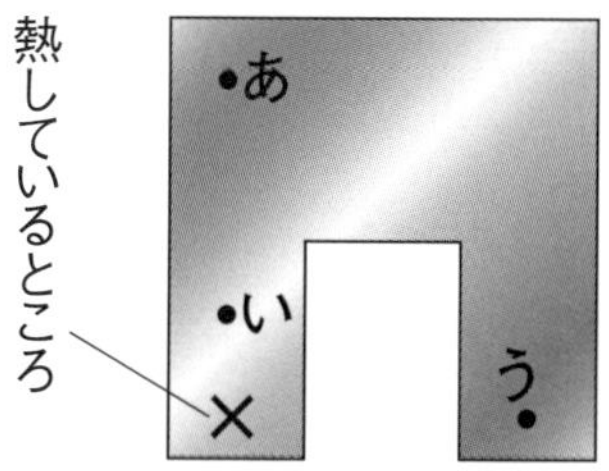

① 右の図で，ろうがとけていく順に，あ～うをならべましょう。　全部できて（10点）

（　　➡　　➡　　）

② ろうがとけていくようすを正しく表しているのは，ア～ウのどれですか。　（　　）

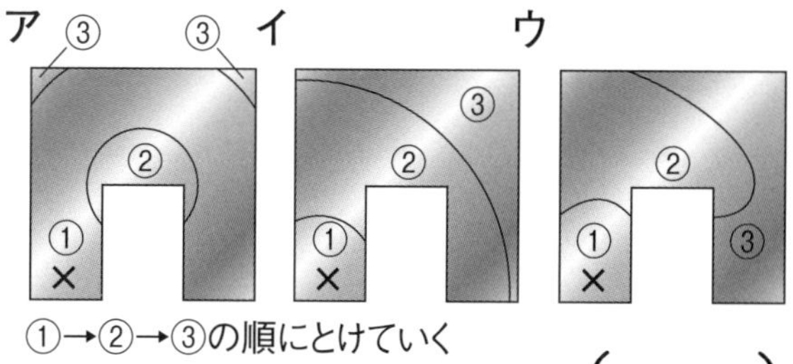

4 次の図のように，示温《しおん》インクをまぜた水を試験管《しけんかん》に入れて熱します。　各《かく》10点【20点】

① 示温インクの色が最《もっと》もはやく変《か》わるのは，ア～ウのどの部分ですか。　（　　）

② 示温インクの色がもっともおそく変わるのは，ア～ウのどの部分ですか。　（　　）

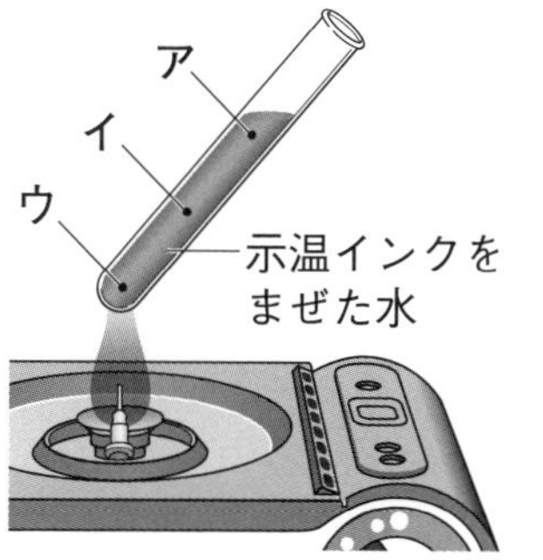

冬の生き物のようす

目標時間《もくひょう》 20 分

学習した日　　月　　日

名前

得点《とくてん》

100点満点《まんてん》

答え ▶ 121ページ

1 冬のヘチマのようすを調べました。　各《かく》10点【30点】

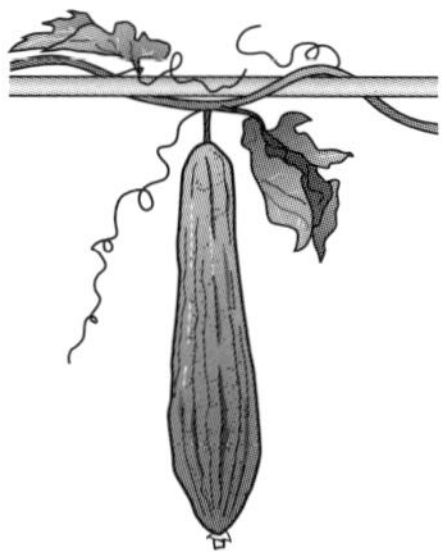

① 葉やくきは，どうなっていますか。

（　　　　　　　　）

② 土をほりおこすと，根はどうなっていますか。

（　　　　　　　　）

③ 冬の葉やくき，根のようすが，ヘチマとにているものはどれですか。正しいもの１つに○をつけましょう。

ア（　　）ツルレイシ　　イ（　　）イチョウ

ウ（　　）アジサイ

2 冬のサクラのようすを調べました。　各《かく》10点【30点】

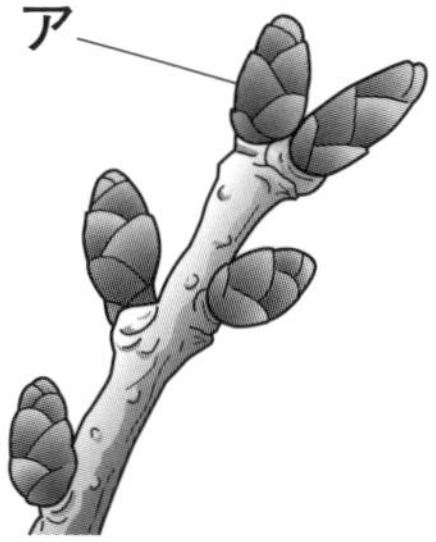

① えだには，葉はついていますか。

（　　　　　　　　）

② アは，何といいますか。

（　　　　　　　　）

③ サクラのえだは，冬になるとかれてしまいますか。

（　　　　　　　　）

3 冬のこん虫のようすを調べました。次の問題に答えましょう。　各《かく》5点【20点】

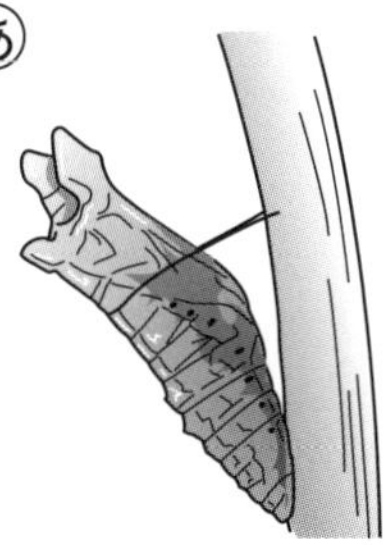

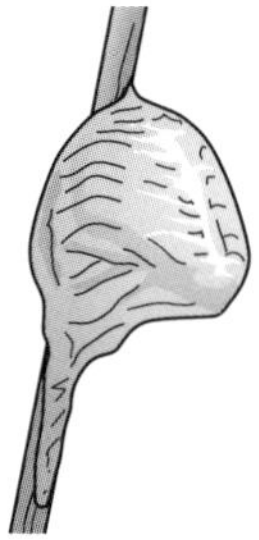

① あ，いは何というこん虫のものですか。　　　から選《えら》び，それぞれ書きましょう。

あ（　　　　　　）　い（　　　　　　）

ミノガ　　オオカマキリ　　アゲハ

② あ，いはそれぞれ，たまご，よう虫，さなぎのどれですか。

あ（　　　　　）　い（　　　　　）

4 右の図は，冬のタンポポのようすです。葉が重ならないようにして地面に葉を広げているのは，どうしてですか。次の文の［　］から正しいことばを選び，○でかこみましょう。　【20点】

［ 雨　　風　　日光 ］がよく当たるようにするため。

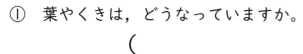

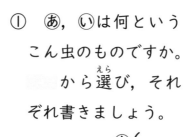

理科 17

水のすがたとゆくえ

目標時間《もくひょう》 20分

学習した日 月 日

名前

得点《とくてん》

100点 満点《まんてん》

答え 121ページ

1 下の図のような入れ物を，日なたにしばらくおきます。

各《かく》10点【30点】

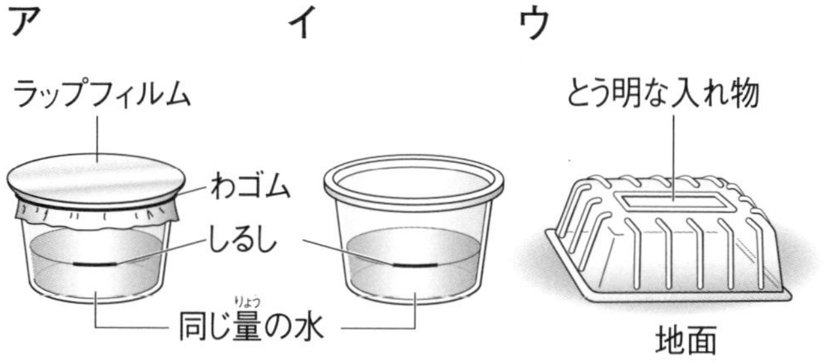

① ア，イで，水のへり方が大きいのはどちらですか。

(　　　　　　　)

② アとウのラップフィルムや入れ物の内側《うちがわ》には，何がつきますか。(　　　　　　　)

③ 水が表面(水面)から，水じょう気に変《か》わって出ていくことを何といいますか。(　　　　　　　)

2 次の図は，水がすがたを変えるようすです。

各《かく》10点【20点】

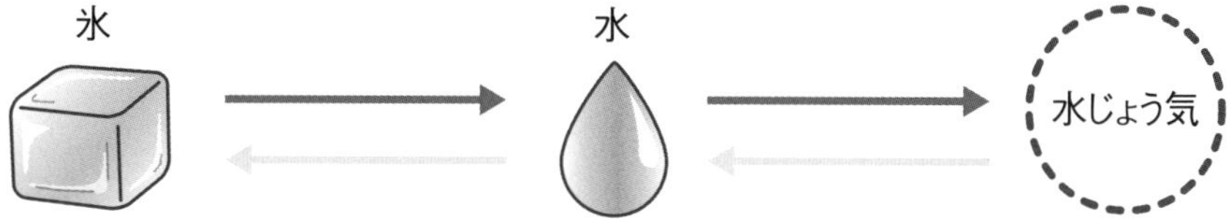

① 水は，何によってすがたを変えますか。

(　　　　　　　)

② 氷のすがたを何といいますか。(　　　　　　　)

3 図は，水を熱《ねつ》し続《つづ》けたときのようすを表しています。次の問題に答えましょう。

各《かく》6点【30点】

① ア～ウは，それぞれ何を表していますか。ア(　　　　　　　)

イ(　　　　　　　)

ウ(　　　　　　　)

② ア，イは，それぞれ気体《きたい》，えき体のどちらですか。

ア(　　　　　　　)

イ(　　　　　　　)

4 水が氷になるときの温度を調べました。

各《かく》10点【20点】

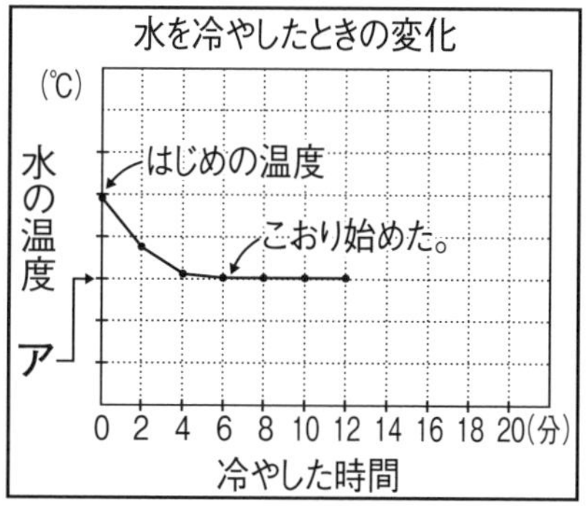

① グラフのアは，何℃を表していますか。

(　　　　　　　)

② 水が全部氷になったあとも冷《ひ》やし続けると，温度はどうなりますか。

(　　　　　　　)

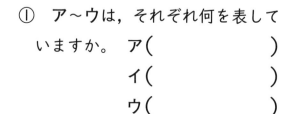

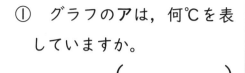

18 かくにんテスト④

目標《もくひょう》時間 20 分

学習した日　　月　　日

名前

得点《とくてん》

100点満点《まんてん》

答え 121ページ

1 下の図のように，ろうをぬった金ぞくのぼうを熱《ねつ》します。次の問題に答えましょう。　各《かく》10点【30点】

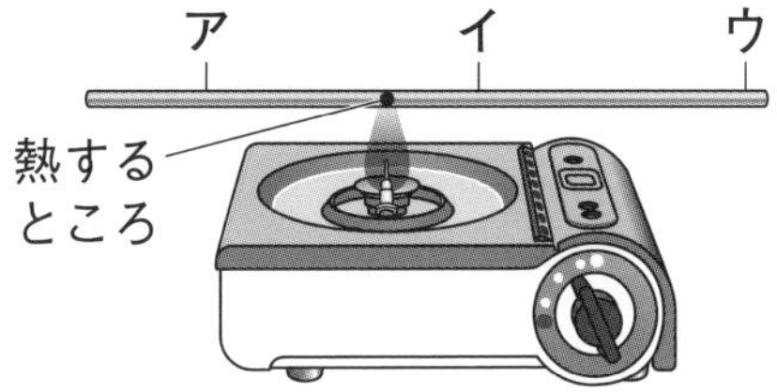

① 図のア～ウで，ろうがいちばんはやくとけるのはどこですか。

（　　　　）

② 図のア～ウで，ろうがいちばんおそくとけるのはどこですか。　（　　　　）

③ 金ぞくにぬったろうは，熱せられたところからどのようにとけていきますか。

（　　　　）

2 下の図はヘチマの育つようすです。ア～オを，たねをまいたあとからの育った順《じゅん》にならべましょう。　全部できて【15点】

（　　➡　　➡　　➡　　➡　　）

3 冬の動物のようすについて答えましょう。　【15点】

① 冬のカエルのようすは，ア～ウのどれですか。　（5点）

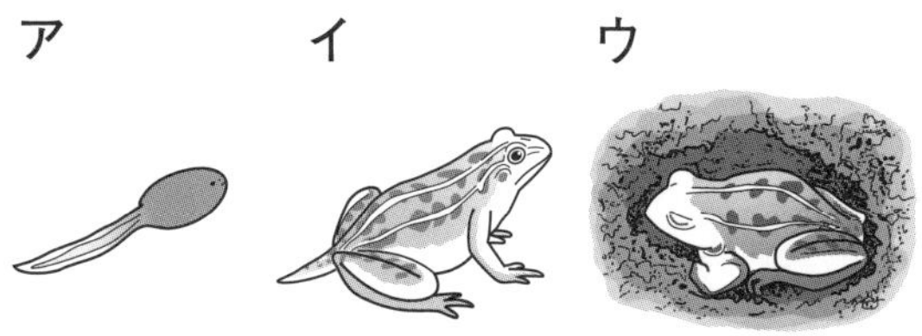

（　　）

② 冬になると，ツバメは日本より寒いところ，あたたかいところのどちらですごしますか。　（10点）

（　　　　）

4 次の図のようにして，水をふっとうさせます。　各《かく》10点【40点】

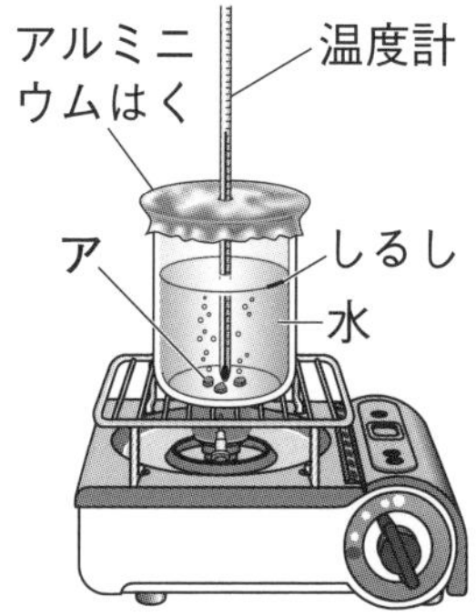

① アは何ですか。

（　　　　）

② 水は，約何℃でふっとうしますか。

（　　　　）

③ 水がふっとうしている間も熱し続《つづ》けると，温度はどうなりますか。

（　　　　）

④ アルミニウムはくをとってこのまま熱し続けると，水の量《りょう》はどうなりますか。　（　　　　）

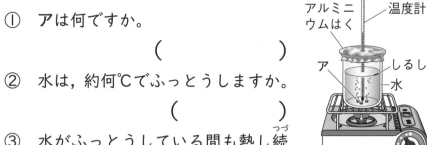

国語 1

気持ちの変化《へんか》を読み取ろう①

目標時間《もくひょうじかん》 20分

名前

学習した日　月　日

得点《とくてん》

100点満点《まんてん》

物語を読んで、答えましょう。【100点】

そうれつは墓地《ぼち》へ入ってきました。人々が通ったあとには、ひがん花が、ふみ折《お》られていました。

ごんはのび上がって見ました。兵十《ひょうじゅう》が、白い*かみしもを着けて、いはいをささげています。いつもは赤いさつまいもみたいな元気のいい顔が、今日はなんだかしおれていました。

「ははん、死んだのは兵十の*おっかあだ。」

ごんはそう思いながら、頭を引っこめました。

*かみしも…上下でひとそろいになった、昔の正式の服そう。
*おっかあ…お母さん。

そのばん、ごんは、あなの中で考えました。

「兵十のおっかあは、とこについていて、うなぎが食べたいと言ったにちがいない。それで兵十が*はりきりあみを持ち出したんだ。ところが、わしがいたずらをして、うなぎを取ってきてしまった。だから兵十は、おっかあにうなぎを食べさせることができなかった。そのままおっかあは、死んじゃったにちがいない。ああ、うなぎが食べたい、うなぎが食べたいと思いながら、死んだんだろう。ちょッ、あんないたずらをしなけりゃよかった。」

*はりきりあみ…魚をとるときに使うあみ。

〈新美南吉「ごんぎつね」〈岩波少年文庫〉より〉

① そうれつとありますが、だれのそうしきの列でしたか。【10点】

（　　　　）

② 兵十は、1ふだんはどんな顔をしていますか。2今日はどんな顔をしていましたか。【各《かく》15点【30点】】

1（　　　　）

2（　　　　）

③ とこについての意味として合うものを一つ選《えら》んで、記号を○でかこみましょう。【15点】

ア 病気でねこんで。　イ 天国に着いて。

ウ いすにこしかけて。

④ 兵十がはりきりあみを持ち出したのは、なぜだとごんは考えていましたか。一つ選んで、記号を○でかこみましょう。【15点】

ア おっかあのそうしきに使うため。

イ おっかあが望《のぞ》むうなぎをとるため。

ウ いたずら者のごんをこらしめるため。

⑤ あんないたずらとは、どんないたずらですか。文章中の言葉を使って書きましょう。【15点】

⑥ いろいろ考えたごんは、どんな気持ちになりましたか。記号を○でかこみましょう。【15点】

ア 残念《ざんねん》な気持ち。　イ おこる気持ち。

ウ 後かいする気持ち。

答え ▶122ページ

国語 2

気持ちの変化《へんか》を読み取ろう②

目標《もくひょう》時間 20分

名前

学習した日　月　日

得点《とくてん》

100点満点《まんてん》

■ 物語を読んで、答えましょう。【100点】

兵十《ひょうじゅう》は今まで、おっかあと二人きりでまずしいくらしをしていたもので、おっかあが死んでしまっては、もうひとりぼっちでした。

「おれと同じひとりぼっちの兵十か。」

こちらの物置《ものおき》の後ろから見ていたごんは、そう思いました。

ごんは、物置のそばをはなれて、向こうへ行きかけますと、どこかで、いわしを売る声がします。

＊　＊　＊（中略《ちゅうりゃく》）

いわし売りは、いわしのかごを積《つ》んだ車を、道ばたに置いて、ぴかぴか光るいわしを両手でつかんで、弥助《やすけ》のうちの中へ持って入りました。ごんは、そのすき間に、かごの中から、五、六ぴきのいわしをつかみ出して、もと来た方へかけ出しました。そして、兵十のうちのうら口から、うちの中へいわしを投げこんで、あなへ向かってかけもどりました。とちゅうの坂の上でふり返ってみますと、兵十がまだ、いどのところで麦をといでいるのが小さく見えました。

ごんは、うなぎのつぐないに、まず一つ、いいことをしたと思いました。

（新美南吉「ごんぎつね」〈岩波少年文庫〉より。一部略）

① 兵十とおっかあは、どんなくらしをしていましたか。【15点】

（　　　　）

② ひとりぼっちの兵十とありますが、なぜひとりぼっちになったのですか。【20点】

（　　　　）

③ 「おれと同じひとりぼっちの兵十か。」から、ごんのどんな気持ちがわかりますか。一つ選《えら》んで、記号を○でかこみましょう。【15点】

ア　これで兵十ともっと仲良《なかよ》しになれるぞ。

イ　たいくつでしかたないんだろうな。

ウ　かわいそうに、さびしいだろうな。

④ といでのここでの意味として合うものを一つ選んで、記号を○でかこみましょう。【15点】

ア　水の中でこすってあらって。

イ　はものでかりとって。

ウ　みがいてつやを出して。

⑤ いいことをしたとありますが、ごんはどうしたことがいいことだと思っていましたか。一つ選んで、記号を○でかこみましょう。【20点】

ア　いわしを売る手伝《てつだ》いをしたこと。

イ　兵十にいわしをあげたこと。

ウ　いわし売りをこらしめたこと。

⑥ ごんは、何のつもりでいいことをしたのですか。八字で書き出しましょう。【15点】

答え ▶122ページ

国語 3

漢字を読もう書こう①

目標《もくひょう》時間 20分

名前

学習した日 月 日

得点《とくてん》

100点 満点《まんてん》

答え ▶122ページ

1 ――の漢字に、読みがなをつけましょう。 各《かく》2点【26点】

① 南極大陸（　　）のペンギンの群（　　）れ。

② 新潟沖（　　）でいわしの漁（　　）をする。

③ 弟が、仲間（　　）の野球チームに加（　　）わる。

④ 井戸（　　）水に塩（　　）をとかす。

⑤ 長崎（　　）県には灯台（　　）が多い。

⑥ 海岸の浅（　　）いところで泳ぐ。

⑦ 埼玉（　　）県の友人に年賀（　　）じょうを書く。

2 ――の漢字に、読みがなをつけましょう。 各《かく》3点【12点】

① ア 香料（　　）　イ 香（　　）り

② ア 谷底（　　）　イ 底辺（　　）

3 □に漢字を書きましょう。 各《かく》4点【52点】

① お□《きゃく》さんの□□《にもつ》。

② □□《かんそう》文を□□《はっぴょう》する。

③ 救《きゅう》□□《きゅうばこ》を□□《ようい》する。

④ □□□《にゅうがくしき》の□□《しゃしん》。

⑤ □□《はやお》きして□□《べんきょう》する。

⑥ □《きみ》に□□《そうだん》してよかった。

⑦ □□《しんちょう》と体重をはかる。

4 ――の言葉を、漢字と送りがなで書きましょう。 各《かく》5点【10点】

① こしをまげる。（　　）

② 王様につかえる。（　　）

国語 4

漢字を読もう書こう②

目標時間《もくひょう》 20分

名前

学習した日　月　日

得点《とくてん》

100点満点《まんてん》

答え ▶122ページ

1 ――の漢字に、読みがなをつけましょう。

各《かく》3点【39点】

① 博物館にある一億円の金かい。

② 熊本県と鹿児島県の間にある山。

③ 大阪でボランティア活動に協力する。

④ 栃木県産《さん》のいちごと梨を買う。

⑤ 合唱コンクール

⑥ かぜを治す。

⑦ 道徳の授業《じゅぎょう》。

⑧ 人を信じる。

⑨ 山道の分岐点。

2 ――の漢字に、読みがなをつけましょう。

各《かく》2点【8点】

① ア 治安　イ 治める

② ア 右折　イ 折る

3 □に漢字を書きましょう。

各《かく》3点【39点】

① □□《ほっきょく》には□□《りくち》がない。

② □□《ぎょせん》の□《そこ》に水がたまる。

③ □□《かがわ》県

④ □□《えんぶん》

⑤ □□《ねんが》じょうに絵を□《くわ》える。

⑥ □《あさ》い□□《いど》。

⑦ □《まご》

⑧ □□《にいがた》県の港の□□《とうだい》。

4 □に、形のにた漢字を書きましょう。

各《かく》2点【14点】

① ア □《なか》間　イ □《おき》合い

② ア 長□《さき》県　イ □《さい》玉県

③ ア 魚□《ぐん》　イ □《ぐん》部　ウ □《くん》主

国語 5

漢字の組み立て／漢字辞《じ》典《てん》の使い方

目標《もくひょう》時間 20分

名前

学習した日 月 日

得点《とくてん》

100点 満点《まんてん》

答え ▶122ページ

1

次の漢字の部首名と、部首に関係《かんけい》のある意味をあとから選《えら》んで、それぞれ記号を書きましょう。 各《かく》3点【24点】

① 洋　部首（　　）意味（　　）

② 訓《くん》　部首（　　）意味（　　）

③ 板　部首（　　）意味（　　）

④ 落　部首（　　）意味（　　）

部首　ア ごんべん　イ くさかんむり　ウ さんずい　エ きへん

意味　オ くさ　カ 水　キ ことば　ク 木

2

（　）の部首と□の漢字を組み合わせてできる漢字を書きましょう。 各《かく》7点【28点】

① （てへん）＋寺＝□

② （たけかんむり）＋合＝□

③ （おおがい）＋豆＝□

④ （しんにょう）＋首＝□

3

次の漢字を漢字辞典《じてん》で調べる場合、どのさくいんを使えばよいですか。□に記号を書きましょう。 各《かく》6点【18点】

① 読みがわかっているとき。 □

② 読みはわからないが部首がわかるとき。 □

③ 部首も読みもわからないとき。 □

ア 総画《そうかく》さくいん

イ 音訓さくいん

ウ 部首さくいん

4

次の漢字を漢字辞典の部首さくいんで調べる場合、部首は何画ですか。また部首以《い》外《がい》の部分は何画ですか。 各《かく》3点【30点】

	部首	部首以外
① 安	（　　）画	（　　）画
② 勉	（　　）画	（　　）画
③ 想	（　　）画	（　　）画
④ 考	（　　）画	（　　）画
⑤ 級	（　　）画	（　　）画

国語 6

漢字を読もう書こう③

目標時間 20分

名前

学習した日 月 日

得点《とくてん》

100点満点

答え ▶122ページ

1 ——の漢字に、読みがなをつけましょう。 各《かく》2点【24点】

① 下書きした目標（　）を清書（　）する。

② パンの焼（　）き上がりに満足（　）する。

③ 昨夜（　）はこの冬一番の冷（　）えこみだった。

④ ソーセージの材料（　）を機械（　）でまぜる。

⑤ 松林（　）のふもとにある牧場（　）。

⑥ 教室に残（　）って話をする。

⑦ 日本《にほん》の旗（　）をかかげる。

2 ——の漢字に、読みがなをつけましょう。 各《かく》5点【20点】

① ア 梅（　）ぼし　イ 梅肉（　）

② ア 番号札（　）　イ 新札（　）

3 □に漢字を書きましょう。 各《かく》4点【48点】

① 日本の人口は約《やく》□□《いちおく》二千万人だ。

② □□《おおさか》の□□□《はくぶつかん》。

③ あの山には□《くま》や□《しか》が出る。

④ □□《ぶんき》点で□□《うせつ》する。

⑤ □《なし》を育てる□□《ほうほう》を学ぶ。

⑥ □□《ちあん》の大切さを知る。

⑦ 姉を□□《しんよう》し□□《きょうりょく》する。

4 ——の言葉を、漢字と送りがなで書きましょう。 各《かく》4点【8点】

① 雪がつもる。（　）

② 話をつづける。（　）

国語 7

漢字を読もう書こう④

目標時間《もくひょうじかん》 20分

名前

学習した日 月 日

得点《とくてん》

100点 満点《まんてん》

答え ▶123ページ

1 ——の漢字に、読みがなをつけましょう。 各《かく》2点【24点】

① 茨の道を歩き続ける主人公。

② 何事にも積極的に取り組む。

③ 漢字の音読みと訓読み。

④ 円の直径。

⑤ 祝勝会

⑥ 花だんの花が散り、種ができる。

⑦ 佐賀県の特産品。

⑧ 給食のこん立てを説明する。

2 ——の漢字に、読みがなをつけましょう。 各《かく》4点【16点】

① ア 試みる　イ 試合

② ア 結ぶ　イ 結局

3 □に漢字を書きましょう。 各《かく》4点【44点】

① 用意した□□《しょくざい》が□《のこ》る。

② お□《さつ》を□□《きかい》で数える。

③ □□《ぼくじょう》の馬。

④ □□《まんぞく》感

⑤ □□《さくねん》立てた□□《もくひょう》。

⑥ 海岸の□□《まつばやし》と□□《ばいりん》。

⑦ 世界の□□《こっき》。

4 ——の言葉を、漢字と送りがなで書きましょう。 各《かく》4点【16点】

① はだが日にやける。

② 手がつめたい。

③ 体をきよめる。

④ 月がみちる。

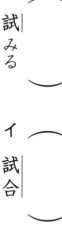

8 かくにんテスト①

目標《もくひょう》時間 20 分

名前

学習した日　月　日

得点《とくてん》

100点 満点《まんてん》

答え ▶123ページ

1 物語を読んで、答えましょう。【50点】

きつねがうちの中へ入ったではありませんか。こないだうなぎをぬすみやがったあのごんぎつねめが、またいたずらをしに来たな。

＊　＊　＊（中略《ちゅうりゃく》）

足音をしのばせて近よって、いま戸口を出ようとするごんを、ドンと、うちました。ごんは、□とたおれました。兵十《ひょうじゅう》はかけよってきました。うちの中を見ると、土間にくりが、固《かた》めて置《お》いてあるのが目につきました。

「おや。」と、兵十は、びっくりしてごんに目を落としました。

「ごん、おまい《（おまえ）》だったのか。いつもくりをくれたのは。」

ごんは、ぐったりと目をつぶったまま、うなずきました。

兵十は、火なわじゅうを□と取り落としました。

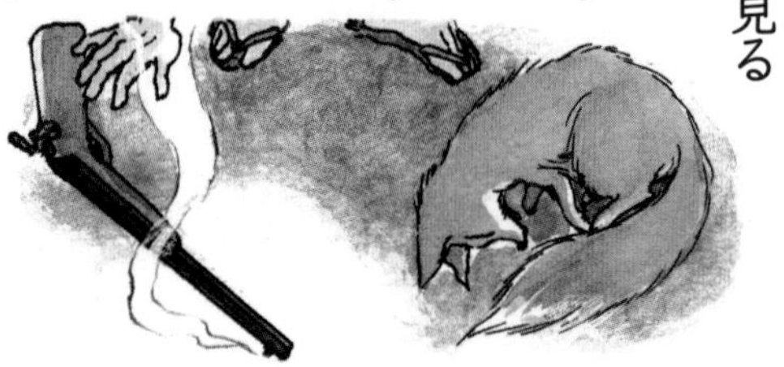

（新美南吉「ごんぎつね」〈岩波少年文庫〉より。一部略）

① きつねがうちの中へ入ったのを見て、1兵十は、きつねが何をしに来たと思いましたか。また、2本当は何をしに来たのですか。各《かく》10点【20点】

1（　　　）

2（　　　）

② □には同じ言葉が入ります。合うものを一つ選《えら》んで、記号を○でかこみましょう。【10点】

ア ぽつり　イ ばたり　ウ はらり

③ この場面で、兵十の気持ちはどう変化《へんか》していますか。□に記号を書きましょう。各《かく》10点【20点】

・1□から2□へと変化している。

ア ごんに親しみを感じる気持ち。

イ ごんをにくらしくおもう気持ち。

ウ ごんにすまないとおもう気持ち。

エ ごんにざまあみろとおもう気持ち。

2 （　）の部首と□の漢字を組みあわせてできる漢字を書きましょう。各《かく》5点【20点】

① （ごんべん）＋周＝□

② （ちから）＋重＝□

③ （うかんむり）＋祭＝□

④ （こころ）＋田＝□

3 □に漢字を書きましょう。各《かく》5点【30点】

① □□《なかま》と□□《きょうりょく》し合う。

② □□《くんれん》を□《つづ》ける。

③ 料理《りょうり》に□□《えんぶん》を□《くわ》える。

国語 9

だん落のつながりを読み取ろう①

目標《もくひょう》時間 20分

名前

学習した日　月　日

得点《とくてん》

100点満点《まんてん》

文章を読んで、答えましょう。【100点】

タンポポは、根からすいあげた水や養《よう》分《ぶん》、それから葉でつくられた糖分《とうぶん》を栄養《えいよう》にして成長《せいちょう》し、花をさかせて種《たね》をみのらせます。タンポポだけではなく、そのほか、わたしたちの身のまわりにある植物のほとんどは、水分や養分のおおいこえた土地にはえていますから、あまり苦労《くろう》しなくても生活できます。

[　]、広い地球には、めったに雨のふらない砂《さ》ばくがあります。また雨はふっても、養分のすくないやせ地があります。そんなところにも植物は育っています。このようなすみにくいところで育つ植物は、どのようなしくみで生活しているのでしょう。

砂ばくに育つサボテンをしらべてみましょう。サボテンが芽《め》ばえるときや、若《わか》い茎《くき》のときには葉がついていますが、やがておちてしまいます。これは葉の＊気孔《きこう》から、水分が外にでるのをふせぐためです。

茎は太っていて、切ってみると、中に水をたくわえた細胞《さいぼう》の集まりがみえます。このようにして、葉をおとし、茎に水分をたくわえていれば、日照《ひで》りつづきの砂ばくでも、なんとか生きていくことができるのです。

＊気孔…葉のうらに多くある小さなあな。

（清水清「食虫植物のひみつ」〈あかね書房〉より）

① タンポポは、どのようにして成長しますか。 各《かく》10点【20点】

・[　]からすいあげた水や養分や、[　]でつくられた糖分を栄養にして成長する。

② [　]に当てはまる言葉を一つ選《えら》んで、記号を○でかこみましょう。【20点】

ア だから　イ そこで　ウ ところが

③ このようなすみにくいところとありますが、それはどんなところですか。 各《かく》10点【20点】

・めったに雨のふらない[　　　]。

・雨はふっても、養分のすくない[　　]。

④ 若い茎のときには葉が……おちてしまいますとありますが、それはなぜですか。【20点】

⑤ 日照りつづきの……ができるとありますが、どうすれば、サボテンは生きていくことができるのですか。【20点】

・葉をおとし、茎に[　　]をたくわえていれば、生きていくことができる。

答え ▶123ページ

だん落のつながりを読み取ろう②

目標時間《もくひょう》 20分

名前

学習した日　月　日

得点《とくてん》

100点満点《まんてん》

答え ▶123ページ

文章を読んで、答えましょう。【100点】

[1]水分はあっても養分《ようぶん》のすくないところで育つ植物はどうでしょう。土からの養分吸収《きゅうしゅう》はあてになりません。そこでまったく新しい方法《ほうほう》、つまり、空をとぶ虫や、水中をおよぎまわるプランクトンを直接《ちょくせつ》つかまえて食べる、ということを自然《しぜん》と身につけたのです。これが食虫植物です。

[2]食虫植物は、葉をつくりかえて捕虫器《ほちゅうき》にしました。とらえた虫を分解《ぶんかい》する消化《しょうか》液《えき》まで用意しました。そんなこととはつゆしらず、虫たちは、うつくしい花や、おもしろい形の葉や、あまい蜜《みつ》にさそわれてちかづいてきます。そして、餌食《えじき》になってしまうのです。きびしい環境《かんきょう》での生活のくふうが、食虫植物をうんだといえます。

[3]もし、食虫植物が虫をとれなかったら、かれてしまうでしょうか。かれません。食虫植物も、ほかの緑色《りょくしょく》の葉をもつ植物とおなじく、日光のたすけをかりて炭酸《たんさん》同化作用《どうかさよう》をして、葉で養分をつくりだしているからです。しかし、長いあいだ捕虫しなかったものを、捕虫したものとくらべると、大きさ、色、繁殖力《はんしょくりょく》がおとっています。捕虫は、食虫植物たちにとって栄養分《えいようぶん》のたいせつなおぎないなのです。

（清水清「食虫植物のひみつ」〈あかね書房〉より）

① まったく新しい方法とはどのような方法ですか。□に合う言葉を、文章中から書き出しましょう。 各《かく》10点【30点】

・□や□□□□□

□をつかまえて□□□

という方法。

② きびしい環境とは、どのような環境ですか。【20点】

・（　　　　　　）環境。

③ 生活のくふうとありますが、食虫植物がしたくふうに合わないものを一つ選《えら》んで、記号を○でかこみましょう。【15点】

ア 葉をつくりかえて捕虫器にした。

イ とらえた虫を分解する消化液を用意した。

ウ あまい蜜にさそわれないようにした。

④ [3]だん落は、どんな働《はたら》きをしていますか。一つ選んで、記号を○でかこみましょう。【15点】

ア [1]だん落と同じ内容《ないよう》をくり返す働き。

イ [2]だん落とは反対の考えをのべる働き。

ウ [1]だん落と[2]だん落をまとめる働き。

⑤ かれませんとありますが、なぜですか。【20点】

国語 11

漢字を読もう書こう⑤

目標《もくひょう》時間 20分

名前

学習した日 月 日

得点《とくてん》

100点 満点《まんてん》

答え ▶123ページ

1 ——の漢字に、読みがなをつけましょう。 各《かく》2点【28点】

① 実験（　）は成功（　）した。

② 初（　）めて愛媛（　）県をおとずれる。

③ テレビの副音声（　）。

④ 本の印刷（　）。

⑤ 広い会議室（　）を借（　）りる。

⑥ 鏡（　）はもえないごみに分別（　）される。

⑦ 放課後（　）の静（　）かな教室。

⑧ 学校の記録（　）に残《のこ》る大勝利（　）。

2 ——の漢字に、読みがなをつけましょう。 各《かく》4点【16点】

① ア 昼飯（　）　イ 赤飯（　）

② ア 指輪（　）　イ 車輪（　）

3 □に漢字を書きましょう。 各《かく》4点【40点】

① □□□《せっきょくてき》に行動する。

② ひなん□□《くんれん》の□□《せつめい》。

③ 好《す》きな席《せき》で□□《きゅうしょく》をたべる。

④ □□《いばらき》県の□□《とくさん》物。

⑤ 雨でも□□《しあい》を□《つづ》ける。

⑥ 良《よ》い□□《けっか》を□《いわ》う。

4 ——の言葉を、漢字と送りがなで書きましょう。 各《かく》4点【16点】

① 勝負にやぶれる。（　）

② 決まりをあらためる。（　）

③ 部屋をちらかす。（　）

④ 世界平和をねがう。（　）

国語 12

漢字を読もう書こう⑥

目標《もくひょう》時間 20分

名前

学習した日　月　日

得点《とくてん》

100点 満点《まんてん》

答え
▶123ページ

1 ――の漢字に、読みがなをつけましょう。 各《かく》2点【26点】

① ミニトマトの観察（　）を続《つづ》ける。

② けい察官（　）が熱心（　）に道を案内《あんない》する。

③ 材料（　）を、使う順（　）に説明《せつめい》する。

④ 改良（　）を重ねて完全（　）な物を作る。

⑤ 辞書（　）にはいろいろな種類（　）がある。

⑥ 奈良（　）のお寺で願（　）い事をする。

⑦ 注意を欠（　）かさず、失敗（　）をふせぐ。

2 ――の漢字に、読みがなをつけましょう。 各《かく》4点【16点】

① ア 散る（　）　イ 散歩（　）

② ア 戦う（　）　イ 作戦（　）

3 □に漢字を書きましょう。 各《かく》4点【40点】

① 今日は、□□《しけん》の□□《しょにち》だ。

② □□《せいこう》までの□□《きろく》を残《のこ》す。

③ □□《しょうり》を祝《いわ》う。

④ □□《えひめ》県のみかん。

⑤ ごみの□□《ぶんべつ》が□□《かだい》だ。

⑥ □□《かいぎ》で□□《いんさつ》物を配る。

4 ――の読み方の漢字を書きわけましょう。 各《かく》3点【18点】

① ふく　ア □会長　イ 幸□

② はん　ア 夕□　イ □対

③ せい　ア 冷《れい》□　イ □潔《けつ》

つなぎ言葉／いろいろな意味をもつ言葉

目標《もくひょう》時間 20分

名前

学習した日　月　日

得点《とくてん》
100点満点《まんてん》

答え ▶123ページ

1

次の文の（　）の言葉のうち、当てはまるほうの記号を○でかこみましょう。各《かく》4点【20点】

① 失敗《しっぱい》した（ア のに／イ ので）、深く反省《はんせい》した。

② さがし（ア たら／イ ても）、見つからない。

③ 台風が近づいている。（ア だから／イ けれど）出かけなかった。

④ 今日はどこにも遊びに行けない。（ア すなわち／イ なぜなら）、宿題があるからだ。

⑤ 算数（ア ならびに／イ ところが）国語は、ぼくの好《す》きな教科だ。

2

次の文章の（　）に当てはまる言葉を、あとから選《えら》んで、記号を書きましょう。各《かく》5点【20点】

① うどんを食べようか。（　）、カレーライスにしようか。

② 図書室で本のかし出しを始めました。（　）、一人三さつまでです。

③ だれもそれをほしがらない。（　）、それは人気がないということだ。

④ いいお天気でよかったね。（　）、出発は何時にしようか。

ア ただし　イ ところで
ウ つまり　エ それとも

3

次の意味で使われている「とる」の文を、あとから選んで、記号を書きましょう。各《かく》6点【36点】

① 手に入れる（　）
② たのむ（　）
③ 試合《しあい》をする（　）
④ 予約《よやく》する（　）
⑤ 書く（　）
⑥ うつす（　）

ア すもうをとる。　イ 出前をとる。
ウ ノートをとる。　エ 魚をとる。
オ 写真をとる。　カ 宿をとる。
キ 出席《しゅっせき》をとる。　ク としをとる。

4

①～④の、それぞれの□に共通《きょうつう》して入る言葉を、ひらがなで（　）に書きましょう。各《かく》6点【24点】

① 毛布《もうふ》を□。橋を□。時間を□。（　）

② となり町に□。川の水が□。宿題が□。（　）

③ 席を□。大きな家が□。時間が□。（　）

④ バスが□。旅館に□。心に□。（　）

国語 14

漢字を読もう書こう⑦

目標《もくひょう》時間 20分

名前

学習した日　月　日

得点《とくてん》

100点満点《まんてん》

答え ▶124ページ

1 ―の漢字に、読みがなをつけましょう。 各《かく》2点【28点】

① 鳥が縄ばりに巣を作る。（　）（　）

② 児童に先生が笑いかける。（　）（　）

③ 英単語を、特《とく》に念入りに覚《おぼ》える。（　）（　）

④ 老人は、バスに無料で乗れる。（　）（　）

⑤ のどの気管と、足の関《かん》節がいたむ。（　）（　）

⑥ 自然に、植物の芽が出る。（　）（　）

⑦ 地しんの兆候。（　）　⑧ 学芸会（　）

2 ―の漢字に、読みがなをつけましょう。 各《かく》5点【20点】

① ア 置く（　）　イ 配置（　）

② ア 青菜（　）　イ 野菜（　）

3 □に漢字を書きましょう。 各《かく》4点【40点】

① □《じ》書を使う。

② □□《さくせん》が□□《しっぱい》する。

③ 植物の□□《かんさつ》日記を書く。

④ □□《なら》の□□《しんるい》の家。

⑤ 毎朝、犬を□□《さんぽ》させる。

⑥ □□□《がいこうかん》の道を歩む。

⑦ □□《ざいりょう》を□□《じゅんばん》に入れる。

4 ―の同じ読み方の言葉を、漢字と送りがなで書き分けましょう。 各《かく》3点【12点】

① ア 夏はあつい。（　）　イ あついふろに入る。（　）

② ア 選手《せんしゅ》をかえる。（　）　イ 予定をかえる。（　）

国語 15

漢字を読もう書こう⑧

目標時間《もくひょうじかん》 20分

名前

学習した日　月　日

得点《とくてん》

100点満点《まんてん》

答え ▶124ページ

1 ――の漢字に、読みがなをつけましょう。 各《かく》3点【36点】

① 健康によい食品を選ぶ。

② 連続で目標《もくひょう》を達成する。

③ 首府が群《ぐん》しゅうの熱気《ねっき》に包まれる。

④ 三角形の底辺。

⑤ ねん土が変形して固まる。

⑥ 太陽が照り付《つ》けて、地面が熱くなる。

⑦ スポーツに関心がある。

2 ――の漢字に、読みがなをつけましょう。 各《かく》3点【12点】

① ア 街角　イ 商店街

② ア 建てる　イ 建国

3 □に漢字を書きましょう。 各《かく》4点【44点】

① おもしろい□《げい》を見て、□《わら》う。

② □□《てんねん》の□□《さんさい》を食べる。

③ □□《えいご》の本をつくえに□《お》く。

④ □《ねん》のために、住所を書きとめる。

⑤ 年□《お》いた犬をかう。

⑥ □□《じどう》会長になる。

⑦ 花の□《め》が出る□□《ちょうこう》がある。

4 □に、形のにた漢字を書きましょう。 各《かく》2点【8点】

① ア □《たん》位《い》　イ 鳥の□《す》。

② ア 水道□《かん》　イ 長□《かん》

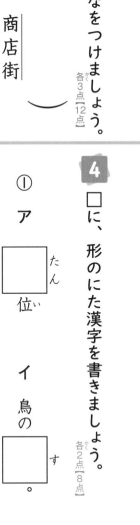

かくにんテスト②

目標時間《もくひょう》 20分

名前

学習した日　　月　　日

得点《とくてん》
100点満点《まんてん》

1 文章を読んで、答えましょう。【60点】

ハエトリソウの葉は、シャコ貝のように、まん中でおりたためるつくりになっています。葉のふちには、針状突起《しんじょうとっき》という針《はり》のようなものがなん本もはえ、内がわには三対《つい》の感覚毛《かんかくもう》がでています。

虫が葉の中にはいりこみ、この感覚毛にふれたとき、運動をおこして、葉がとじあわさるのです。

おもしろいことに、□に一回さわっても葉はとじませんが、二回さわったしゅんかん、運動をおこします。

一回めでとじたら、虫のからだはまだじゅうぶん葉の中にはいっていないので、虫の頭ぐらいしかつかまえられません。

二回めでとじるということは、虫のからだ全体が、葉の中にはいりこんだじょうたいのときです。ハエトリソウの葉は、確実《かくじつ》に虫をとらえる精密機械《せいみつきかい》のようにできているのです。

（清水清「食虫植物のひみつ」〈あかね書房〉より）

① ハエトリソウの葉は、文章中で何にたとえられていますか。四字の言葉を二つ書き出しましょう。また、それぞれその理由も書きましょう。 各《かく》10点【40点】

1たとえ □□□□

理由（　　　　）

2たとえ □□□□

理由（　　　　）

② □に当てはまる言葉を一つ選《えら》んで、記号を○でかこみましょう。【10点】

ア 葉のふち　イ 針　ウ 感覚毛

③ 二回さわったしゅんかんとは、虫がどのようになったときですか。【10点】

・虫のからだ全体が、葉の中に（　　　　）のとき。

2 次の文の（　）に当てはまる言葉を、あとから選んで、記号を書きましょう。 各《かく》10点【20点】

① 体調が悪い。（　）、帰りたい。

② 体調が悪い。（　）、帰れない。

ア しかし

イ だから

ウ そして

3 □に漢字を書きましょう。 各《かく》5点【20点】

① □□《しょせん》に□□《しょうり》する。

② かべに□《かがみ》を□□《こてい》する。

答え
▶124ページ

様子を思いうかべよう

目標《もくひょう》時間 20分

名前

学習した日　月　日

得点《とくてん》

100点満点《まんてん》

答え
▶124ページ

詩を読んで、答えましょう。【100点】

めがさめた

工藤直子《くどうなおこ》

どうしたの？　山
うす緑のようふくが　ふるふる　ゆれてるよ
おおい山よ！　なに　ふるふるしてるの？

だってね　くっくっく
雪どけみずが　ちょろちょろしてさ
りすは　もこもこするしさ
かえるは　ごそごそ　のねずみ　かさこそ
みんな　めがさめて　あちこち　うろちょろ
くっくっくっ　くすぐったくてなあ
ひゃ　もうたまらん！
あ――っはっはっはっは

山がわらって　□がきた

（「めがさめた」『工藤直子詩集』〈角川春樹文庫〉より）

① 山にある草木を、他のものに例《たと》えた言葉を、詩から書き出しましょう。【15点】

（　　　　）

② どうしたの？は、何に語りかけた言葉ですか。詩から書き出しましょう。【15点】

（　　　　）

③ ふるふるしてるのは、山がどうしているからですか。一つ選《えら》んで、記号を○でかこみましょう。【15点】

ア　寒くて、ふるえているから。
イ　くすぐったくて、笑《わら》っているから。
ウ　さびしくて、泣《な》いているから。

④ みんなに当たるものを、出てくる順《じゅん》に、詩から四つ書き出しましょう。各《かく》5点【20点】

（　　　　）（　　　　）
（　　　　）（　　　　）

⑤ 山が、最《もっと》も大きな声で笑っている様子を表す言葉を、詩から書き出しましょう。【20点】

（　　　　）

⑥ □に当てはまる季節《きせつ》を、漢字一字で書きましょう。【15点】

□

表現《ひょうげん》のくふうをつかもう

目標《もくひょう》時間 20分

名前

学習した日　月　日

得点《とくてん》
100点満点《まんてん》

答え ▶124ページ

■ 詩を読んで、答えましょう。【100点】

忘《わす》れもの

高田敏子《たかだとしこ》

1
入道雲にのって
夏休みはいってしまった
「□」のかわりに
すばらしい夕立をふりまいて

2
けさ　空はまっさお
木々の葉の一枚《いちまい》一枚が
あたらしい光とあいさつをかわしている

3
だがキミ！　夏休みよ
もう一度　もどってこないかな
忘れものをとりにさ

4
迷子《まいご》のセミ
さびしそうな麦わら帽子《ぼうし》
それから　ぼくの耳に
くっついてはなれない波の音

（「忘れもの」『新編高田敏子詩集』〈土曜美術出版販売〉より）

① □に当てはまる言葉として合うものを一つ選《えら》んで、記号を○でかこみましょう。【15点】

ア　オカエリ　　イ　タダイマ
ウ　サヨナラ

② すばらしい夕立をふりまいての主語に当たる言葉を、詩から書き出しましょう。【15点】

（　　　　）

③ 1と2の関《かか》わりについて、正しいものを一つ選んで、記号を○でかこみましょう。【20点】

ア　2は、1の前日の様子をえがいた連《れん》である。
イ　2は、1と同じときの様子をえがいた連である。
ウ　2は、1の次の日の様子をえがいた連である。

④ キミ！は、何によびかけた言葉ですか。詩から書き出しましょう。【15点】

（　　　　）

⑤ 忘れものとは何かについて書かれているのは、どの連ですか。数字で書きましょう。【15点】

□

⑥ この詩の作者が、夏休みに対して、してほしいと思っていることを、詩の言葉を使って書きましょう。【20点】

国語 19 漢字を読もう書こう⑨

目標《もくひょう》時間 20分

名前

学習した日 月 日

得点《とくてん》

100点満点《まんてん》

1 ――の漢字に、読みがなをつけましょう。 各《かく》2点【24点】

① 古典作品の勇ましい登場人物。（　）（　）（　）

② 各地から兵隊が集まる。（　）（　）

③ 先生の期待以上の努力をする。（　）（　）

④ 卒業式に出席《しゅっせき》する。（　）

⑤ 参考書をさがす。（　）

⑥ 強い命令に不満を言う。（　）（　）

⑦ 倉庫へ荷物を運ぶ労働力。（　）（　）

2 ――の漢字に、読みがなをつけましょう。 各《かく》3点【12点】

① ア 争う（　）　イ 戦争（　）

② ア 共働き（　）　イ 共学（　）

3 □に漢字を書きましょう。 各《かく》4点【40点】

① 保《ほ》□《けん》室で□□《ほうたい》をまく。

② □□《かんしん》のある本を□《えら》ぶ。

③ □□《けんこく》記念日《きねんび》

④ 活気のある□□□《しょうてんがい》。

⑤ 川の□□《きしべ》にある公園。

⑥ □□《しょうめい》器具《きぐ》を□□《こてい》する。

⑦ 目標《もくひょう》を□□《たっせい》する。

4 ――の読み方の漢字を書き分けましょう。 各《かく》6点【24点】

① けい　ア 図□をかく。（　）　イ 円の半□。（　）

② さす　ア 出口を□す。（　）　イ 刀を□す。（　）

答え ▶124ページ

国語 20

漢字を読もう書こう⑩

目標《もくひょう》時間 20分

1 ——の漢字に、読みがなをつけましょう。 各《かく》3点【42点】

① 愛と、希望《ぼう》にあふれた物語を読む。

② 着物の帯に刀を差す。

③ 会席料理《りょうり》で、季節の食材《しょくざい》が出る。

④ 戦争《せんそう》で夫を失った人の話を聞く。

⑤ 飛行機に乗り、沖縄県へ行く。

⑥ 台所の付近に食器あらい機を置《お》く。

⑦ 側転ができて、泣いてよろこぶ。

2 ——の漢字に、読みがなをつけましょう。 各《かく》4点【16点】

① ア 必ず　イ 必死

② ア 伝える　イ 伝言

3 □に漢字を書きましょう。 各《かく》3点【30点】

① 国語□□《じてん》で調べる。

② □□《かくじ》で弁当《べんとう》を持ってくる。

③ 百人□□《いじょう》の□□《へいたい》がいる。

④ 港の□□《そうこ》での□□《ろうどう》。

⑤ □《とも》に学んだ六年生が□□《そつぎょう》する。

⑥ □□□《ふごうり》な□□《めいれい》を改《あらた》める。

4 ——の言葉を、漢字と送りがなで書きましょう。 各《かく》4点【12点】

① 古いお寺におまいりする。

② いさましい行動をする。

③ 学力の向上につとめる。

名前

学習した日　月　日

得点《とくてん》

100点満点《まんてん》

答え ▶125ページ

国語 21

熟語《じゅくご》の意味／慣用句《かんようく》

目標《もくひょう》時間 20分

名前

学習した日 月 日

得点《とくてん》

100点満点《まんてん》

答え ▶125ページ

1 次の［　］の言葉とにた意味の言葉を下から選《えら》んで、――でつなぎましょう。 各《かく》5点【25点】

① 少しずつ進歩する。 ・　　・予定
② 苦労《くろう》がむくわれる。 ・　　・同意
③ 計画を変《か》える。 ・　　・苦心
④ 決意は固《かた》い。 ・　　・向上
⑤ 賛成《さんせい》の人が多い。 ・　　・決心

2 次の意味を表す熟語《じゅくご》を□に、その読みを（　）に書きましょう。 各《かく》3点【30点】

〈例〉 大きな木。 大木（たいぼく）

① 悪い人。 □□（　　）
② 助けてやる言葉。 □□（　　）
③ 外から見た様子。 □□（　　）
④ 代わりに用いる。 □□（　　）
⑤ 学び習う。 □□（　　）

3 次の慣用句《かんようく》の□に入る生き物の名前をひらがなで書き、その意味をあとから選んで、記号を書きましょう。 各《かく》3点【24点】

① □□が合う （　　） □
② □□の手も借《か》りたい （　　） □
③ □□□のなみだ （　　） □
④ □□が知らせる （　　） □

ア 何となく予感がする。
イ 気が合う。
ウ とてもいそがしくて手が足りない。
エ ほんのわずかな量《りょう》。

4 次の意味の慣用句をあとから選んで、記号を書きましょう。 各《かく》7点【21点】

① 最終的《さいしゅうてき》な方法《ほうほう》。 □
② うぬぼれる。 □
③ ひじょうにおどろく。 □

ア 天《てん》ぐになる　　イ 伝家《でんか》のほう刀《とう》
ウ 赤子《あかご》の手をひねる　　エ きもをつぶす

国語 22

漢字を読もう書こう⑪

目標《もくひょう》時間 20分

名前

学習した日 月 日

得点《とくてん》 100点満点《まんてん》

答え ▶125ページ

1 ——の漢字に、読みがなをつけましょう。 各《かく》2点【28点】

① 旅行者に、道案内を求められる。

② 富と栄光を手に入れる。

③ 平和な未来を望む。

④ 好物は例えばみかんだ。

⑤ 最も美しい風景が見られる場所。

⑥ 教会で挙式する。 ⑦ 氏名がよばれる。

⑧ 青果市場の近くの住民たち。

2 ——の漢字に、読みがなをつけましょう。 各《かく》5点【20点】

① ア 花束 イ 約束

② ア 末っ子 イ 結末

3 □に漢字を書きましょう。 各《かく》3点【42点】

① □□□《ひこうき》の□□《きゃくせき》。

② □□《しっぱい》して□《な》き出す。

③ □《おっと》と家の□□《ふきん》を歩く。

④ □□《きせつ》に合った着物と□《おび》。

⑤ □□《がっき》のみりょくを□《つた》える。

⑥ □□《おきなわ》の自然《しぜん》を□《あい》する。

⑦ □□《ひっし》に□《さ》をちぢめる。

4 ——の言葉を、漢字と送りがなで書きましょう。 各《かく》5点【10点】

① 朝早く目がさめる。

② 子どもがうまれる。

国語 23

漢字を読もう書こう⑫

目標時間《もくひょう》 20分

名前

学習した日 月 日

得点《とくてん》

100点 満点《まんてん》

答え ▶125ページ

1 ——の漢字に、読みがなをつけましょう。 各《かく》2点【28点】

① 大臣（　　）が米の産地（　　）をおとずれる。

② 徒競走（　　）で、一位（　　）になる。

③ 店主が大量（　　）の伝票（　　）を整理する。

④ 滋賀（　　）県と岐阜（　　）県はとなり合っている。

⑤ 岡山（　　）の城（　　）を見物する。

⑥ 新しい漢字を必死（　　）に覚（　　）える。

⑦ 衣料（　　）ひんや、生活雑貨《ざっか》（　　）を売る店。

2 ——の漢字に、読みがなをつけましょう。 各《かく》3点【12点】

① ア 養（　　）う　イ 休養（　　）

② ア 省（　　）く　イ 反省（　　）

3 □に漢字を書きましょう。 各《かく》4点【44点】

① 国が□《さか》え、□《と》む。

② □□《さいしょ》に手を□《あ》げてこたえる。

③ □□《きぼう》どおりの□□《けっか》。

④ □□《とうあん》用紙

⑤ かみの毛を□《たば》ねる。

⑥ 福引きの□□《けいひん》。

⑦ □《す》きなスポーツの□《れい》をあげる。

4 □に、形のにた漢字を書きましょう。 各《かく》4点【16点】

① ア □《み》来　イ 月□《まつ》

② ア □《し》名を書く。　イ □《みん》族

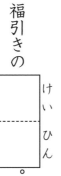

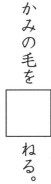

国語 24

かくにんテスト③

目標時間《もくひょうじかん》 20分

名前

学習した日　月　日

得点《とくてん》

100点満点《まんてん》

1 詩を読んで、答えましょう。【40点】

ともだち讃歌《さんか》

阪田寛夫《さかたひろお》

ひとりとひとりがうでくめば
たちまちだれでもなかよしさ
やあやあみなさん　こんにちは
みんなであくしゅ
空にはお日さま　あしもとに地球
みんなみんなあつまれ
みんなでうたえ

ロビンフッドにトムソーヤー
みんなぼくらのなかまだぞ
おひげをはやした　おじさんも
むかしはこども
空にはお日さま　あしもとに地球
みんなみんなあつまれ
みんなでうたえ

（「夕日がせなかをおしてくる」〈国土社〉より）

① ひとりとひとりが……なかよしさとありますが、なかよしになって、どうしようとよびかけていますか。二つ書き出しましょう。 各《かく》10点【20点】

（　　　　）

（　　　　）

② 空にはお日さま　あしもとに地球とは、どのような意味ですか。一つ選《えら》んで、記号を○でかこみましょう。【10点】

ア 太陽のめぐみや、大地のめぐみに、感しゃしようという意味。

イ 世界中のみんなは、同じ太陽の下、同じ地球に住むなかまだという意味。

ウ 空を見上げ、地面に足をつけて、しっかり立っているという意味。

③ おひげをはやした　おじさんとは、どのような人を指しますか。【10点】

ア 大人　　イ なかま　　ウ 地球

2 次の▢の言葉とにた意味の言葉を下から選んで、——でつなぎましょう。 各《かく》6点【30点】

① 正式に回答する。　・　　・研究

② 対応《たいおう》を協議《きょうぎ》する。　・　　・勉強

③ 特色《とくしょく》を考察《こうさつ》する。　・　　・会合

④ 漢字を学習する。　・　　・返事

⑤ 集会に参加《さんか》する。　・　　・相談

3 □に漢字を書きましょう。 各《かく》5点【30点】

① □□《いりょう》品の□□《そうこ》。

② かみを□□《きよう》に□《たば》ねる。

③ 答□《あん》を□□《かくじ》に返す。

答え ▶125ページ

全科プリント　小学4年

答えとアドバイス

★ まちがえた問題は，何度も練習してできるようにしましょう。

★ アドバイス があるところは，よく読んでおきましょう。

算　数

1 大きい数　(2ページ)

1 ① 三億《おく》七千二百六十一万
② 五千八億二百九十万四千六
③ 一兆《ちょう》七千億三百六万
④ 八百三兆千九百億七十万二千

2 ① 47150000000
② 303008029000
③ 16008500000000
④ 7001020409003000

3 ① 409000000
② 2000500300000
③ 75000000000
④ 2000000000000

4 ① 10億　② ア130億，イ260億
③

2 大きい数のしくみ　(3ページ)

1 ① 10倍した数…490兆《ちょう》
$\frac{1}{10}$ にした数…4兆9千億《おく》
② 10倍した数…6兆
$\frac{1}{10}$ にした数…600億

2 ① 9876543210　② 1023456789

3 ① 52億　② 46兆

4 ① 960万　② 36億

5 ① 103600　② 10360000
③ 1036億　④ 1036兆

6 ①
```
  8400
×   60
──────
504000
```
②
```
    2800
×   7500
────────
   140
  196
────────
21000000
```

アドバイス **2**　②はいちばん左の位《くらい》を0としないようにしましょう。10けたの整数をつくるので，いちばん左の位の数字は，0の次に小さい1とします。

5　③は，
1万×1万＝1億
(1¦0000×1¦0000＝1¦0000¦0000)
だから，37×28の答えに億をつけます。④は，
1億×1万＝1兆
(1¦0000¦0000×1¦0000＝1¦0000¦0000¦0000)
だから，37×28の答えに兆をつけます。

6　0を省《はぶ》いて計算し，答えの右に省いた0の数だけ0をつけます。

3 角　(4ページ)

1 ① (順《じゅん》に)2，180　② (順に)4，360

2 ① 40°　② 125°
③ 230°　④ 305°

3 あ115°　い65°

4 ①
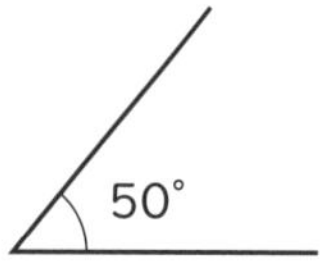

②
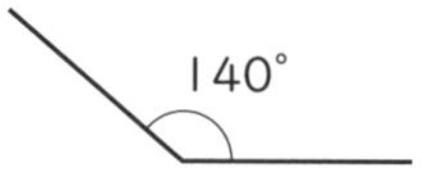

③ 245°
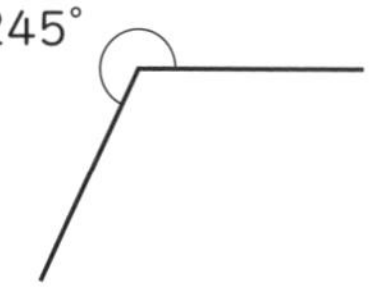
④ 330°
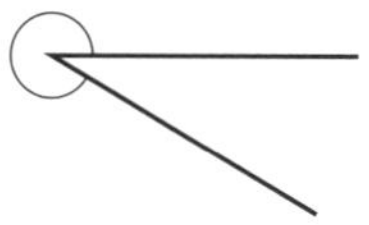

5 ① あ105°　② い15°

アドバイス **5**　1組の三角じょうぎのそれぞれの角の大きさは，次のようになります。

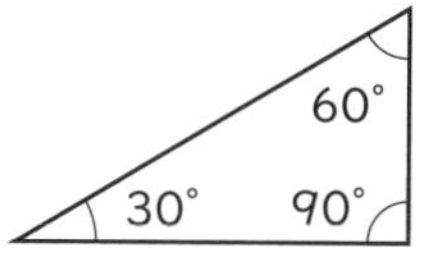

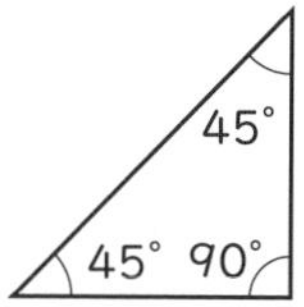

4 何十，何百のわり算　(5ページ)

1 (順《じゅん》に)8，4，4，40

2 ① 20　② 20
③ 10　④ 20
⑤ 300　⑥ 200
⑦ 100　⑧ 300

3 ① 40　② 40
③ 80　④ 50
⑤ 70　⑥ 40
⑦ 60　⑧ 80
⑨ 60　⑩ 50

4 (式) 300÷6＝50　(答え) 50まい

5 (2けた)÷(1けた)の筆算　(6ページ)

1 ① 37　② 13　③ 29　④ 16
⑤ 13あまり2　⑥ 25あまり2
⑦ 14あまり3　⑧ 12あまり6
⑨ 42あまり1　⑩ 11あまり2
⑪ 10あまり6　⑫ 30あまり2

2 ① 15あまり3
(たしかめの式と計算)　5×15＋3＝78
② 26あまり2
(たしかめの式と計算)　3×26＋2＝80

3 ① (式) 72÷4＝18　(答え) 18日
② (式) 72÷5＝14あまり2
(14＋1＝15)　(答え) 15日

6 (3けた)÷(1けた)の筆算①（7ページ）

1 ①146　②127
③465あまり1　④167あまり2
⑤111あまり6　⑥218あまり2
⑦170　⑧128あまり6
⑨103　⑩200あまり3
⑪270あまり2　⑫150あまり5

2 ①（式）7×129＋2＝905　（答え）905
②（式）905÷4＝226あまり1
（答え）226あまり1

3 ①（式）780÷6＝130　（答え）130円
②（式）（5 m＝500 cm）500÷4＝125
（答え）125 cm

アドバイス 2 ①は，次のわり算のけん算を使います。
（わる数）×（商）＋（あまり）＝（わられる数）

7 (3けた)÷(1けた)の筆算②（8ページ）

1 ①87　②75あまり3
③46あまり2　④79あまり1
⑤65あまり4　⑥58
⑦83あまり3　⑧66あまり6
⑨41あまり2　⑩82あまり1
⑪60あまり2　⑫50あまり5

2 1，2，3，4，5

3 （式）126÷8＝15あまり6
（15＋1＝16）　（答え）16台

4 （式）300÷4＝75　（答え）75円

5 ①1894　②2126あまり3
③751あまり2

アドバイス 3 15台のトラックで運ぶと，6こあまります。あまった6この箱を運ぶのに，もう1台トラックが必要《ひつよう》です。

5
```
①   1894      ②   2126      ③    751
  3)5682        4)8507        7)5259
    3             8             49
    26             5             35
    24             4             35
     28            10              9
     27             8              7
      12            27             2
      12            24
       0             3
```

8 倍の計算（9ページ）

1 ①（式）24÷8＝3　（答え）3倍
②（式）8×7＝56　（答え）56 cm

2 （式）75÷5＝15　（答え）15倍

3 ①（順《じゅん》に）6，54
②（式）54÷6＝9　（答え）9こ

4 ふゆきさんの年令《ねんれい》を□才とすると，□×7＝84
（式）84÷7＝12　（答え）12才

5 ①（式）2×4＝8　（答え）8倍
②学校の高さを□ mとすると，□×8＝128
（式）128÷8＝16　（答え）16 m

アドバイス 次の関係《かんけい》をおぼえておくとよいでしょう。

もとにする大きさ×何倍にあたる数
＝くらべられる大きさ

この式から，

くらべられる大きさ÷もとにする大きさ
＝何倍にあたる数

くらべられる大きさ÷何倍にあたる数
＝もとにする大きさ

の関係もわかります。

5 高さの関係を図に表すと，次のようになります。

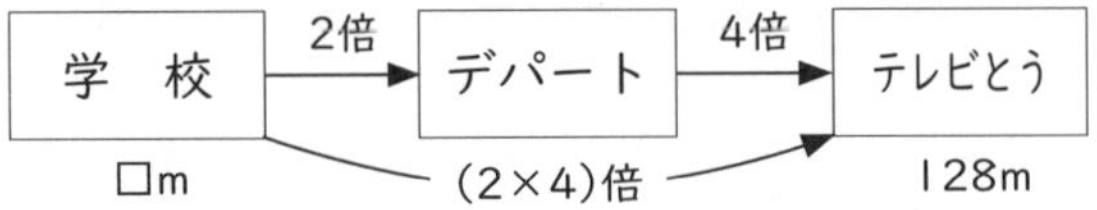

また，次のように，デパートの高さ→学校の高さの順に求《もと》めることもできます。
デパートの高さは，128÷4＝32(m)
学校の高さは，32÷2＝16(m)

9 かくにんテスト①（10ページ）

1 ①百兆《ちょう》の位《くらい》　②10億《おく》（が3こ）
③1万倍

2 ①26　②15あまり4
③17あまり2　④10あまり3
⑤174あまり4　⑥161あまり2
⑦63あまり5　⑧70あまり2

3

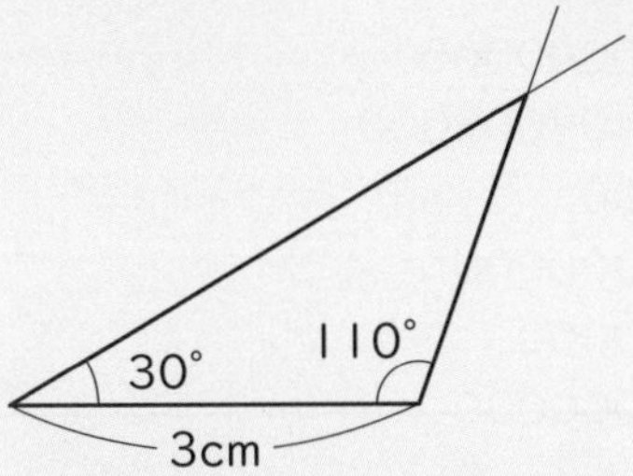

4 あ50°　い130°

5 （式）350÷6＝58 あまり2
（答え）58まいになり，2まいあまる。

6 ノートのねだんを□円とすると，□×4＝900
（式）900÷4＝225　（答え）225円

アドバイス 1 419|5039|2806|0000
↑ 兆の位　↑ 億の位　↑ 万の位　↑ 一の位《くらい》

4 あ 180°－130°＝50°
い 向かいあう角の大きさは等しい。

10 垂直《すいちょく》と平行　(11ページ)

1 ①㋑と㋕，㋓と㋗　②㋐と㋖，㋒と㋔

2 ①

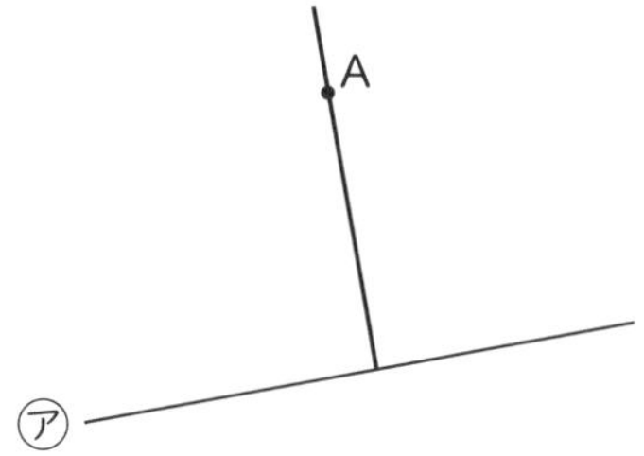

② ㋑

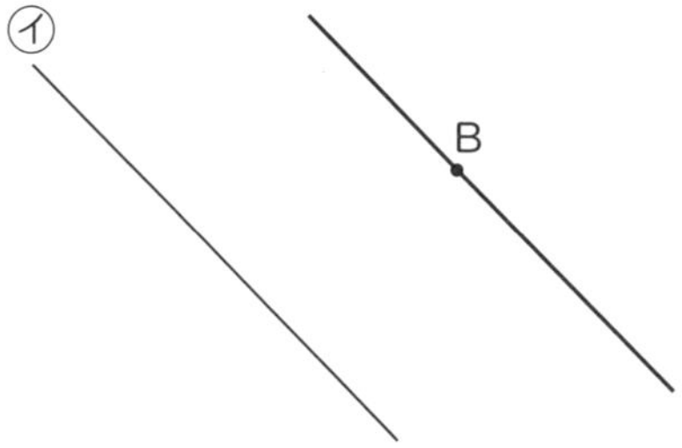

3 ①あ110°　い70°
②5 cm

4 ①直線AB《エービー》，直線FE《エフイー》
②直線AH《エイチ》，直線BC《シー》，直線GF《ジー》，直線DE《ディー》

5

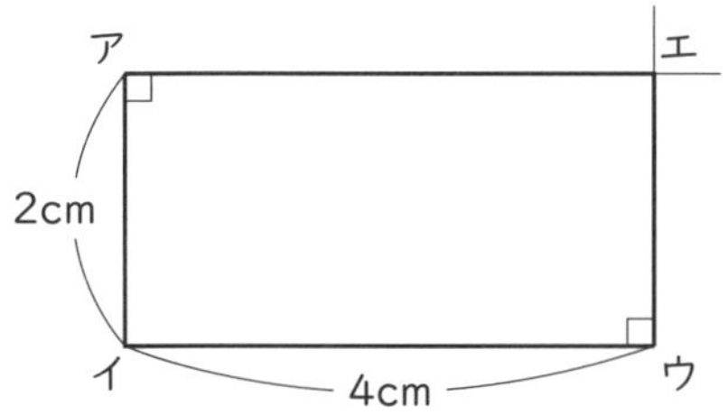

アドバイス 5　垂直《すいちょく》な直線のかき方を使うと，次のようにかけます。
❶点アを通り，辺《へん》アイに垂直な直線をひく。
❷点ウを通り，辺イウに垂直な直線をひく。
❸この2本の直線の交わったところを点エとする。
また，平行な直線のかき方を使うと，次のようにかけます。
❶点アを通り，辺イウに平行な直線をひく。
❷点ウを通り，辺アイに平行な直線をひく。
❸この2本の直線の交わったところを点エとする。

11 いろいろな四角形　(12ページ)

1 ①㋑，㋔　②㋐，㋑
③㋐，㋑，㋒，㋔

2 ①平行《へいこう》四《し》辺形《へんけい》
②辺《へん》AD《エーディー》…8 cm　辺CD《シー》…4 cm
③あ75°　い105°

3

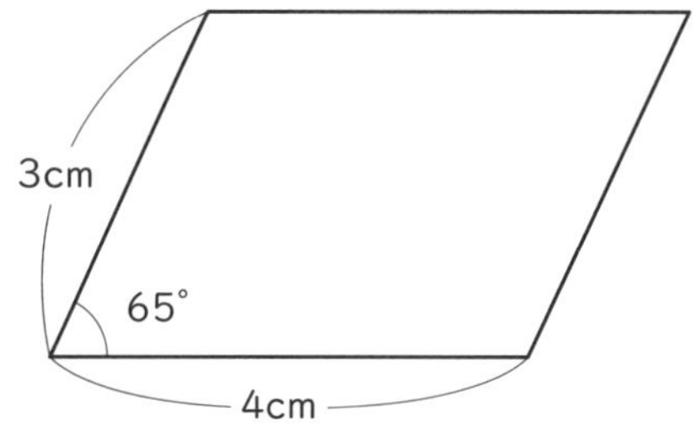

4 ①28 cm　②140°

5 ①ひし形《がた》　②長方形

アドバイス 5　①は，2本の対角線《たいかくせん》がそれぞれのまん中の点で直角に交わっているから，ひし形になります。②は，2本の対角線の長さが等しく，それぞれのまん中の点で交わっているから，長方形になります。ひし形と長方形のとくべつな形として正方形があります。だから，2本の対角線の長さが等しく，それぞれのまん中の点で直角に交わると，正方形になります。

12 折《お》れ線《せん》グラフの読み方　(13ページ)

1 ①1度　②13度　③午前11時
④12度　⑤午前11時と午後0時の間

2 ①(順《じゅん》に)15，140　②(順に)7，29
③(順に)10，280　④260

アドバイス 2　折《お》れ線《せん》グラフとぼうグラフを組み合わせたグラフの問題です。
折れ線グラフ…それぞれの月の気温を表し，たてのじくの左側《ひだりがわ》のめもりで，気温を読みとります。
ぼうグラフ…それぞれの月にふった雨の量《りょう》を表し，たてのじくの右側のめもりで，雨の量を読みとります。

13 折れ線グラフのかき方　(14ページ)

1 ①横のじく…月，たてのじく…気温
②③④

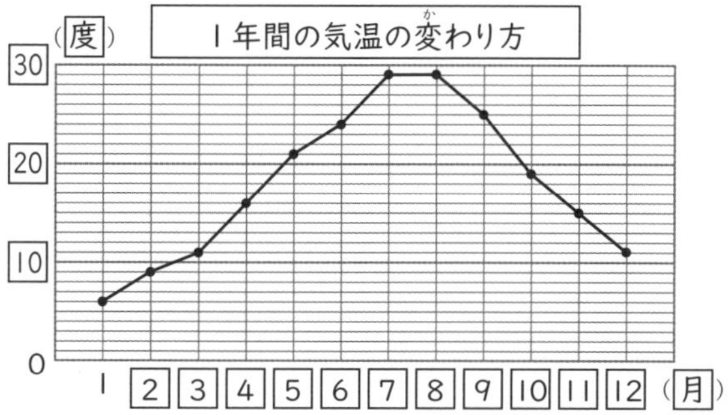

2 ①

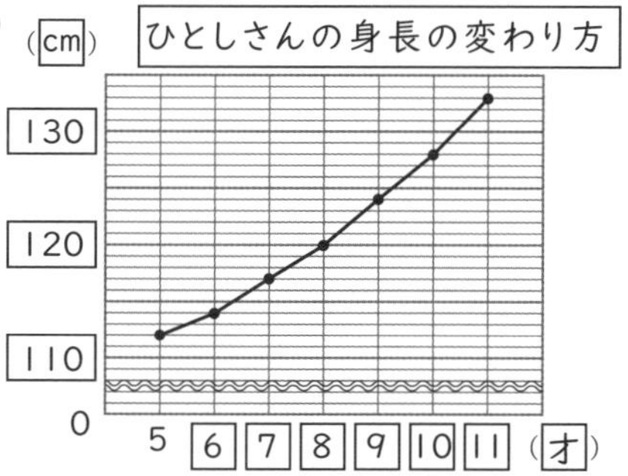

②4 cm　③10才と11才の間

アドバイス 2　① ひとしさんの身長は，もっとも低《ひく》いときで112 cm，もっとも高いときで133 cmなので，このはんいの身長を表せるようにたてのじくのめもりをとります。
③は，グラフのかたむきがいちばん急なところを見つけます。

14 小数の表し方としくみ （15ページ）

1 ①1.25 L　②0.38 L

2 ①ア2.93 m　イ3.05 m

②

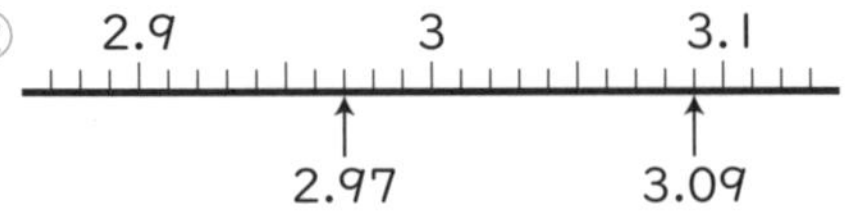

3 ①2.74 m　②0.813 km
③4.905 kg　④0.06 kg

4 ①6.14　②5.38
③2.5　④6.743

5 4.5，4.05，0.504，0.5，0.45

6 ①3.5　②620　③0.019

アドバイス **3**　1 m＝100 cmより，1 cm＝0.01 mです。1 km＝1000 mより，1 m＝0.001 kmです。
また，1 kg＝1000 gより，1 g＝0.001 kgです。

6　小数も整数と同じように，
10倍すると，位《くらい》が1けたずつ上がり，$\frac{1}{10}$にすると，位が1けたずつ下がります。

15 小数のたし算 （16ページ）

1 ①5.87　②7.52　③1.31
④7.5　⑤5　⑥80
⑦6.27　⑧15.04　⑨10.96

2 ①7.347　②3.524　③8.005
④8.35　⑤6.1　⑥5.238

3 （式）1.63＋3.74＝5.37　（答え）5.37 L

4 （式）0.58＋5.46＝6.04　（答え）6.04 kg

5 （式）2.35＋0.85＝3.2　（答え）3.2 km

アドバイス 小数のたし算の筆算のしかた
❶位《くらい》をそろえて書く。
❷整数のたし算と同じように計算する。
❸上の小数点にそろえて，和《わ》の小数点をうつ。

1　小数点より右の位にある0のあつかいに注意しましょう。

④
　2.93
＋4.57
　7.50
（0を消して7.5とする。）

⑤
　3.06
＋1.94
　5.00
（0を2つ消して5とする。）

⑧
　6.54
＋8.5
15.04
（この0は消せない。）

16 小数のひき算 （17ページ）

1 ①2.34　②2.58　③0.67
④4.75　⑤2.69　⑥2.66
⑦5.03　⑧0.38　⑨26.95

2 ①4.272　②2.356　③0.643
④2.704　⑤7.272　⑥0.087

3 （式）4.25－1.38＝2.87　（答え）2.87 L

4 （式）5－0.93＝4.07　（答え）4.07 kg

5 （式）42.195－32.75＝9.445
（答え）9.445 km

アドバイス 小数のひき算の筆算のしかた
❶位《くらい》をそろえて書く。
❷整数のひき算と同じように計算する。
❸上の小数点にそろえて，差《さ》の小数点をうつ。

1　③は，答えの一の位に0を書き小数点をうちます。⑥は，6.5を6.50とみて計算します。⑦，⑧，⑨は，整数の右に小数点と0をつけたして，整数を小数とみて計算します。

③
　5.46
－4.79
　0.67

⑥
　6.50
－3.84
　2.66

⑦
　8.00
－2.97
　5.03

17 かくにんテスト② （18ページ）

1 ①気温…14度，水温…16度　②午前11時
③時こく…午後1時，ちがい…4度

2 ㋕55°　㋖125°　㋗55°

3 ひし形《がた》

4 ①160　②0.48
③396　④0.702

5 ①9.23　②5.4　③6
④5.32　⑤0.37　⑥0.893

アドバイス **3**　直線ＡＣ《エーシー》とＢＤ《ビーディー》は四角形ＡＢＣＤの対角線《たいかくせん》になります。2本の対角線がそれぞれまん中の点で交わり，垂直《すいちょく》です。だから，四角形ＡＢＣＤはひし形になります。

18 何十でわるわり算 （19ページ）

1 （順《じゅん》に）13，4，10，3，10

2 ①4　②6　③3
④4　⑤5　⑥8

3 ①4あまり30　②7あまり20
③8あまり10　④6あまり40
⑤4あまり40　⑥6あまり20

4 ①（式）400÷50＝8　（答え）8束《たば》
②（式）400÷90＝4あまり40
（答え）4束できて，40まいあまる。

19 2けたの数でわるわり算① （20ページ）

1 ①3　②2あまり3
③4あまり1　④2あまり4
⑤2あまり27　⑥3あまり15
⑦3あまり11　⑧5あまり9
⑨3あまり6　⑩5
⑪3あまり2　⑫6あまり2

2 ①3あまり18
（たしかめの式と計算）　23×3＋18＝87
②6あまり3
（たしかめの式と計算）　16×6＋3＝99

3 （式）90÷14＝6あまり6
（答え）1人分は6こになり，6こあまる。

4 （式）31×2＋12＝74
74÷13＝5あまり9　（答え）5あまり9

20 2けたの数でわるわり算② (21ページ)

1 ①7　②8あまり4
③5あまり5　④5あまり33
⑤9あまり3　⑥8あまり28
⑦12　⑧32あまり19
⑨22あまり20　⑩43あまり10
⑪10あまり33　⑫50あまり11

2 ㋐，㋒，㋕

3 ①
```
      5
70̸)350̸
    35
     0
```
②
```
      16
30̸)500̸
    3
    20
    18
     20
```
③
```
        7
400̸)3000̸0̸
     28
      200
```

4 （式）300÷12＝25　（答え）25箱

5 （式）176÷24＝7あまり8
(7＋1＝8)　（答え）8日

アドバイス **2**　わられる数とわる数に同じ数をかけても，わられる数とわる数を同じ数でわっても，商《しょう》は変《か》わりません。

400　÷　50
↓÷10　↓÷10
㋐40　÷　5

400　÷　50
↓÷2　↓÷2
㋒200　÷　25

400　÷　50
↓×2　↓×2
㋕800　÷　100

21 整理のしかた (22ページ)

1 ①2人　②すりきず　③校庭
④場所…校庭，種類《しゅるい》…すりきず　⑤56人

2 ①㋐3　㋑3　㋒4　㋓2　②7人

3 ㋐18　㋑18　㋒19　㋓36　㋔55　㋕111

アドバイス **2**の①　㋐…イヌが○で，ネコも○の3人。
㋑…イヌが○で，ネコが×の3人。
㋒…イヌが×で，ネコが○の4人。
㋓…イヌが×で，ネコも×の2人。
3　このような問題では，わかるところから順《じゅん》に，あてはまる数を求《もと》めていきます。
㋐…37－19＝18　㋑…38－20＝18
㋒…56－19－18＝19　㋓…19＋17＝36
㋔…18＋20＋17＝55
㋕…56＋55＝111（または，37＋38＋36＝111）

22 計算のきまり (23ページ)

1 ①80　②150　③184
④150　⑤5　⑥9

2 ①27　②22　③14
④15　⑤75　⑥6

3 ①102×9＝(100＋2)×9
＝100×9＋2×9＝900＋18＝918
②97×23＝(100－3)×23
＝100×23－3×23＝2300－69＝2231
③74＋89＋26＝74＋26＋89
＝100＋89＝189
④5.7＋0.8＋3.2＝5.7＋(0.8＋3.2)
＝5.7＋4＝9.7
⑤25×49×4＝25×4×49
＝100×49＝4900
⑥7×8×125＝7×(8×125)
＝7×1000＝7000

4 ①（式）200÷(12＋13)＝8　（答え）8まい
②（式）200×3＋900÷2＝1050
（答え）1050円

アドバイス **1**　(　)のある式は，(　)の中を先に計算します。
⑥　540÷(17＋43)＝540÷60＝9
2　かけ算やわり算は，たし算やひき算よりも先に計算します。なお，かけ算とわり算がまじっているときは，その部分を左から順《じゅん》に計算します。
③　32－24÷4×3　⑥　48÷(20－2×6)

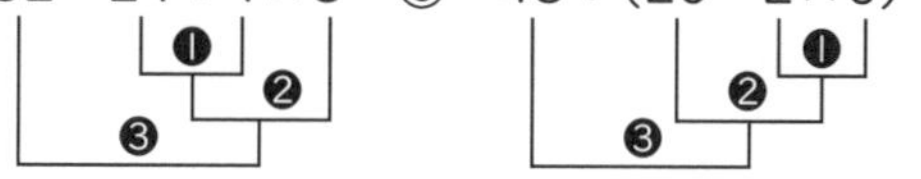

23 面積《めんせき》① (24ページ)

1 ①5 cm^2　②2 cm^2　③4 cm^2

2 ①（式）6×9＝54　（答え）54 cm^2
②（式）4×4＝16　（答え）16 cm^2
③（式）7×4＝28　（答え）28 cm^2
④（式）20×20＝400　（答え）400 cm^2

3 （式）(50 mm＝5 cm)　8×5＝40
（答え）40 cm^2

4 ①（式）7×□＝63
□＝63÷7
＝9　（答え）9
②（式）□×15＝300
□＝300÷15
＝20　（答え）20

5 （式）30×30＝900
900÷18＝50　（答え）50 cm

アドバイス **2**　面積《めんせき》の公式
長方形の面積＝たて×横＝横×たて
正方形の面積＝1辺《へん》×1辺
3　たての長さと横の長さの単位《たんい》がちがうときは，単位をそろえます。この問題では，単位をcmにそろえます。50 mm＝5 cmですね。

24 面積《めんせき》② (25ページ)

1 ① 62 cm^2　② 63 cm^2　③ 152 cm^2

2 ① 30000　② 800
③ 60000　④ 2000000

3 ①（式）$3\times5=15$　（答え）15 m^2
②（式）$9\times9=81$　（答え）81 km^2
③（式）$15\times8=120$　（答え）120 a

4 （式）$2000\div2-400=600$
$4\times6=24$　（答え）24 ha

アドバイス **1**　長方形や正方形の面積《めんせき》の公式が使える形を考えます。

①は，図1のように，2つの長方形に分けると，
$3\times4+5\times10=62(\text{cm}^2)$

また，図2のように，大きな長方形の面積から，小さな長方形の面積をひくと考えると，
$8\times10-3\times6=62(\text{cm}^2)$

図1
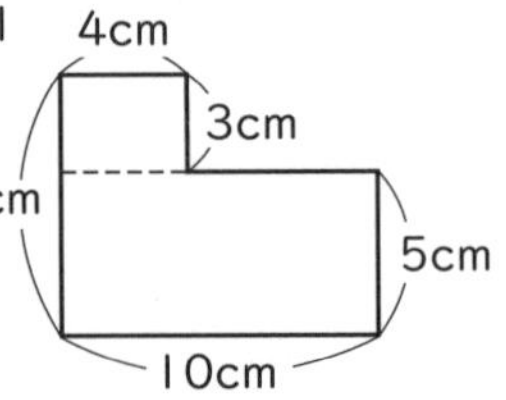

図2
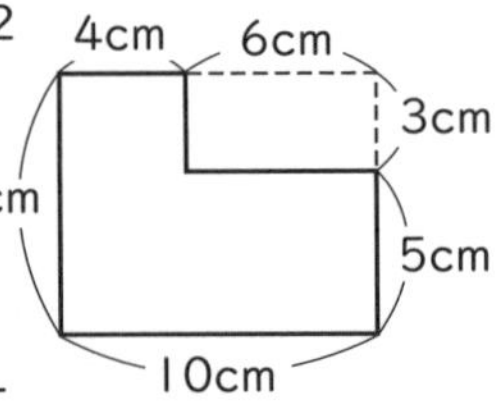

2　$1\text{ m}^2=10000\text{ cm}^2$，
$1\text{ a}=100\text{ m}^2$，
$1\text{ ha}=10000\text{ m}^2$，
$1\text{ km}^2=1000000\text{ m}^2$です。

3　③は，求《もと》める面積の単位《たんい》がaなので，辺《へん》の長さを10 mをもとにして考えます。150 mは10 mの15こ分，80 mは10 mの8こ分ですね。

4　まず，牧場《ぼくじょう》の横の長さを求めます。

長方形のまわりの長さ＝(たて＋横)×2　より，横の長さは，長方形のまわりの長さの半分から，たての長さをひけばよいですね。

また，求《もと》める面積の単位がhaなので，100 mをもとにして考えます。

400 mは100 mの4こ分
600 mは100 mの6こ分

25 かくにんテスト③ (26ページ)

1 ① 3あまり5　② 3あまり12
③ 5あまり5　④ 7あまり22
⑤ 8あまり15　⑥ 53あまり14

2 （式）$500\div35=14$あまり10
$(14+1=15)$　（答え）15回

3 ㋐38　㋑38　㋒24　㋓62　㋔45

4 ① 180　② 16　③ 55　④ 85

5 ①（式）$12\times8=96$　（答え）96 cm^2
②（式）$7\times7=49$　（答え）49 m^2

6 126 cm^2

アドバイス **2**　$500\div35=14$あまり10
14回運んでも10こ残《のこ》っているから，この10こを運ぶ1回が必要《ひつよう》です。

26 分数の表し方 (27ページ)

1 ① 仮分数《かぶんすう》…$\frac{8}{5}$ m，帯分数《たいぶんすう》…$1\frac{3}{5}$ m
② 仮分数…$\frac{15}{4}$ L，帯分数…$3\frac{3}{4}$ L

2 ア仮分数…$\frac{9}{7}$，帯分数…$1\frac{2}{7}$
イ仮分数…$\frac{18}{7}$，帯分数…$2\frac{4}{7}$
ウ仮分数…$\frac{22}{7}$，帯分数…$3\frac{1}{7}$

3 ① 9　② $\frac{7}{3}$，$2\frac{1}{3}$
③ $1\frac{5}{8}$，$\frac{13}{8}$

4 ① $1\frac{1}{4}$　② $4\frac{2}{3}$　③ 7

5 ① $\frac{7}{6}$　② $\frac{20}{9}$　③ $\frac{27}{7}$

アドバイス **4**　仮分数を帯分数になおすには，**分子÷分母**を計算して，商《しょう》を整数部分，あまりを分数部分の分子に，分母はそのままにします。

② $14\div3=4$あまり2　$4\frac{2}{3}$

5　帯分数を仮分数になおすには，**整数部分×分母＋分子**を計算して，その答えを分子に，分母はそのままにします。

③ $3\frac{6}{7}$　$3\times7+6=27$　$\frac{27}{7}$

27 分数の大小と大きさの等しい分数 (28ページ)

1 ① 1.5　② 2.3　③ 5.9

2 ① $\frac{7}{5}<1\frac{3}{5}$　② $4>\frac{11}{3}$
③ $\frac{19}{7}>2\frac{4}{7}$　④ $\frac{25}{4}<6\frac{3}{4}$

3 $2\frac{1}{9}$，2，$\frac{17}{9}$，$1\frac{5}{9}$，$\frac{13}{9}$

4 ① $\frac{2}{8}$　② $\frac{4}{6}$，$\frac{6}{9}$
③ (順《じゅん》に)4，3，8　④ $\frac{1}{9}$，$\frac{1}{6}$，$\frac{1}{3}$

アドバイス **1**　$\frac{1}{10}=0.1$です。

2　①　仮分数《かぶんすう》でくらべると，$1\frac{3}{5}=\frac{8}{5}$だから，$\frac{7}{5}<\frac{8}{5}$がわかります。

また，帯分数《たいぶんすう》でくらべると，$\frac{7}{5}=1\frac{2}{5}$だから，$1\frac{2}{5}<1\frac{3}{5}$がわかります。

3　$2=\frac{18}{9}$，$1\frac{5}{9}=\frac{14}{9}$，$2\frac{1}{9}=\frac{19}{9}$とします。
分母が9で同じですから，分子が大きいほうが大きくなります。

4　④は，$\frac{1}{3}$と$\frac{1}{6}$と$\frac{1}{9}$がそれぞれ数直線のどの位置《いち》にあるかをくらべます。分子が同じ分数では，分母が小さいほうが大きくなります。

28 分数のたし算 (29ページ)

1 ① $\frac{9}{7}\left(1\frac{2}{7}\right)$　② $\frac{10}{9}\left(1\frac{1}{9}\right)$　③ $\frac{8}{5}\left(1\frac{3}{5}\right)$
④ $\frac{9}{4}\left(2\frac{1}{4}\right)$　⑤ 2　⑥ 5

2 ① $1\frac{4}{5}\left(\frac{9}{5}\right)$　② $5\frac{1}{3}\left(\frac{16}{3}\right)$　③ $3\frac{5}{8}\left(\frac{29}{8}\right)$
④ $5\frac{7}{9}\left(\frac{52}{9}\right)$　⑤ $4\frac{3}{7}\left(\frac{31}{7}\right)$　⑥ 7

3 (式) $\frac{3}{4}+\frac{2}{4}=\frac{5}{4}$　(答え) $\frac{5}{4}$ L $\left(1\frac{1}{4}\text{ L}\right)$

4 (式) $2\frac{3}{5}+\frac{4}{5}=3\frac{2}{5}$　(答え) $3\frac{2}{5}$ m $\left(\frac{17}{5}\text{ m}\right)$

5 (式) $3\frac{2}{6}+1\frac{4}{6}=5$　(答え) 5時間

アドバイス **2** ②で，$4\frac{2}{3}+\frac{2}{3}=4\frac{4}{3}$ のように答えないようにします。これは，

$4\frac{2}{3}+\frac{2}{3}=4\frac{4}{3}=5\frac{1}{3}$ (帯分数《たいぶんすう》)

または，

$4\frac{2}{3}+\frac{2}{3}=\frac{14}{3}+\frac{2}{3}=\frac{16}{3}$ (仮分数《かぶんすう》)

のどちらかで答えましょう。

⑥ 整数にできるときは，整数で答えましょう。

29 分数のひき算 (30ページ)

1 ① $\frac{3}{5}$　② $\frac{4}{7}$　③ 1
④ 3　⑤ $\frac{9}{4}\left(2\frac{1}{4}\right)$　⑥ $\frac{11}{5}\left(2\frac{1}{5}\right)$

2 ① $\frac{3}{4}$　② $2\frac{7}{8}\left(\frac{23}{8}\right)$　③ $3\frac{2}{9}\left(\frac{29}{9}\right)$
④ $1\frac{5}{7}\left(\frac{12}{7}\right)$　⑤ $3\frac{2}{5}\left(\frac{17}{5}\right)$　⑥ $3\frac{5}{6}\left(\frac{23}{6}\right)$

3 (式) $\frac{9}{5}-\frac{3}{5}=\frac{6}{5}$　(答え) $\frac{6}{5}$ L $\left(1\frac{1}{5}\text{ L}\right)$

4 (式) $6\frac{2}{9}-5\frac{7}{9}=\frac{4}{9}$　(答え) $\frac{4}{9}$ m^2

5 (式) $8-4\frac{3}{8}=3\frac{5}{8}$　(答え) $3\frac{5}{8}$ m $\left(\frac{29}{8}\text{ m}\right)$

アドバイス **2** 分数部分がひけないときは，整数部分から1くり下げてひきます。

④ $5\frac{4}{7}-3\frac{6}{7}=4\frac{11}{7}-3\frac{6}{7}=1\frac{5}{7}$

30 変《か》わり方 (31ページ)

1 ①

たての長さ(cm)	1	2	3	4	5	6
横の長さ(cm)	11	10	9	8	7	6

② □＋○＝12 (12－□＝○，12－○＝□)
③ 3 cm

2 ① □－○＝27 (27＋○＝□，□－27＝○)
② 27才

3 ①

たての数(だん)	1	2	3	4	5	6
まわりの長さ(cm)	3	6	9	12	15	18

② □×3＝○ (○÷□＝3，○÷3＝□)
③ 36 cm　④ 20だん

アドバイス **1** ③は，□＝9のときだから，②で求《もと》めた式□＋○＝12にあてはめると，
9＋○＝12→○＝12－9＝3 (cm)

2 ②は，みかさんが生まれたとき，みかさんの年《ねん》令《れい》は0才だから，①で求めた式□－○＝27に○＝0をあてはめて，
□－0＝27→□＝27 (才)

3 ①は，それぞれまわりの長さを求めます。
②は，①から，(だんの数)×3＝(まわりの長さ)となっていることがわかります。
③は，②で求めた式に□＝12をあてはめます。
④は，②で求めた式に○＝60をあてはめます。

31 がい数の表し方 (32ページ)

1 ①
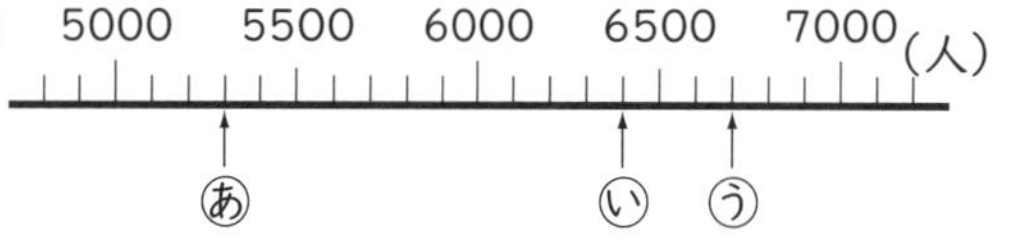

② あ約5000人　い約6000人　う約7000人

2 ① 300　② 2100　③ 5000
④ 19000　⑤ 70000　⑥ 400000

3 ① 1けた…60000，2けた…64000
② 1けた…200000，2けた…160000

4 ① (順《じゅん》に) 35，44，10
② (順に) 9500，10500

アドバイス **4** ①は，35以上《いじょう》45未満《みまん》の数となりますが，答えるのは整数なので，いちばん大きい数は44となります。

32 がい数を使った計算 (33ページ)

1 ① 900　② 500　③ 2400　④ 2100

2 ① (式) 10000＋12000＋15000＝37000
(答え) およそ37000人
② (式) 15000－10000＝5000
(答え) およそ5000人

3 ① 60000　② 3000000　③ 200　④ 800

4 (式) 500×30＝15000
(答え) およそ15000円

5 (式) 9000÷30＝300　(答え) およそ300こ

アドバイス **1** がい数を使った計算は，計算がかんたんになることに意味があります。たとえば，①をそのまま計算して，528＋374＝902で，902を百の位《くらい》までのがい数にして900と答えたとします。答えは同じですが，計算がかんたんになっていないので，がい数を使った計算とはいえません。

33 小数のかけ算 (34ページ)

1 ① 0.8　② 2.7　③ 4.2　④ 4

2 ① 6.8　② 20.8　③ 0.9
④ 47　⑤ 231　⑥ 44.8
⑦ 365.4　⑧ 294　⑨ 4680

3 ① 8.34　② 0.81　③ 23.04
④ 34.8　⑤ 39.12　⑥ 323.4

4 (式) 9.6×25＝240　(答え) 240 km

5 (式) 2.76×14＝38.64　(答え) 38.64 kg

34 小数のわり算①　(35ページ)

1 ①0.2　②0.3　③4.1　④2.3

2 ①2.4　②1.7　③0.6
④19.3　⑤6.8　⑥2.7
⑦1.6　⑧0.4　⑨0.8

3 ①2.34　②0.64　③0.07
④0.36　⑤0.28　⑥0.05

4 （式）8.4÷6＝1.4　（答え）1.4 L

5 （式）8.64÷36＝0.24　（答え）0.24 kg

アドバイス 1 わる数は，すべて整数です。わられる数が0.1の何こ分かを考えます。
2 整数のわり算と同じように筆算で計算し，わられる数の小数点にそろえて，商《しょう》の小数点をうちます。

2⑥
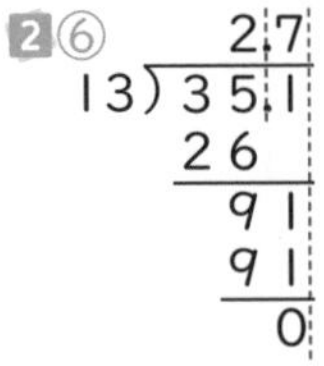

35 小数のわり算②　(36ページ)

1 ①28あまり0.5
（けん算）　3×28＋0.5＝84.5
②7あまり1.8　（けん算）7×7＋1.8＝50.8
③6あまり9.2　（けん算）14×6＋9.2＝93.2

2 ①7.6　②1.35　③0.375
④3.5　⑤2.45　⑥0.75

3 ①4.8　②2.9　③0.64

4 （式）32.5÷4＝8あまり0.5
（答え）8本とれて，0.5 mあまる。

5 （式）360÷48＝7.5　（答え）7.5倍

アドバイス 2 わられる数の右に0をつけたしてわり進みます。また，つけたす0は書かなくてもよいです。

③
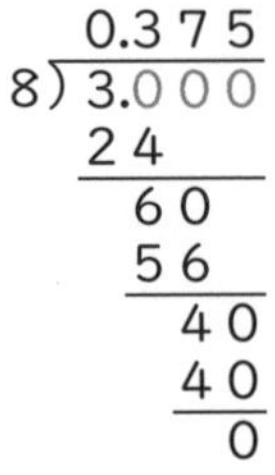

3 ③は，商《しょう》が0.635…となります。このように0から始まる小数では，一の位《くらい》の0を1けためとするのではなく，$\frac{1}{10}$の位の6を1けためとします。だから，商を$\frac{1}{1000}$の位まで求《もと》めて，$\frac{1}{1000}$の位の5を四捨五入《ししゃごにゅう》します。

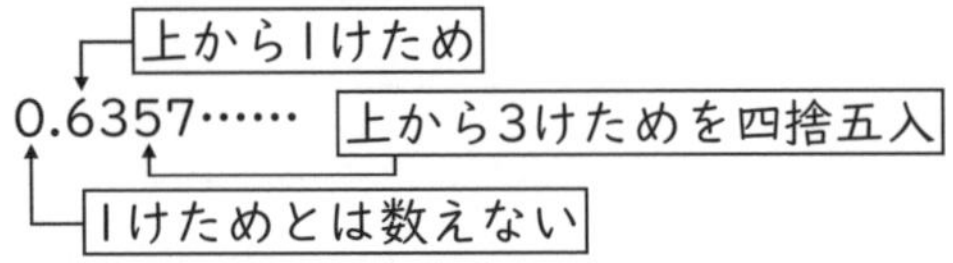

36 直方体《ちょくほうたい》と立方体《りっぽうたい》　(37ページ)

1 ①8つ
②4つ
③(順《じゅん》に)4，3
④2つ
⑤(順に)2，3
⑥右の図

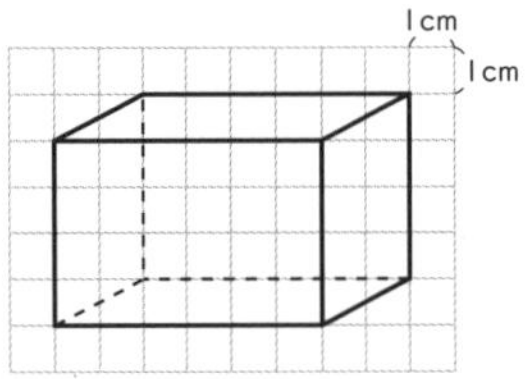

2
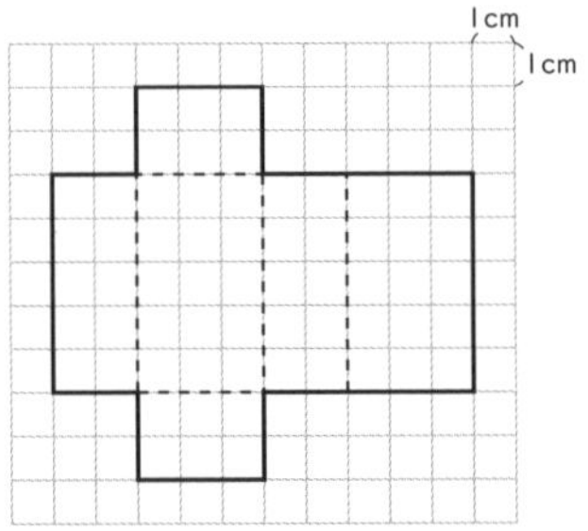

3 ①点サ　②点ウ，点キ　③辺コケ

アドバイス 3 立方体《りっぽうたい》の1つの頂点には3つの面が集まっています。
① 点アと点サが重なります。このとき，点アには3つの面アイスセ，面サシオク，面サクケコが集まっています。
② 点ケと点ウ，点キが重なります。このとき，点ケには3つの面ケコサク，面キクオカ，面ウエスイが集まっています。

37 面や辺《へん》の垂直《すいちょく》と平行・位置《いち》の表し方　(38ページ)

1 ①面㋒
②面㋑，面㋓，面㋔，面㋕
③辺《へん》BC《ビーシー》，辺EH《イーエイチ》，辺FG《エフジー》
④辺BC，辺D《ディー》C，辺FG，辺HG
⑤辺BC，辺FG，辺BF，辺CG
⑥辺A《エー》D，辺BC，辺EH，辺FG

2 ①点B…1，4　点C…5，3
②
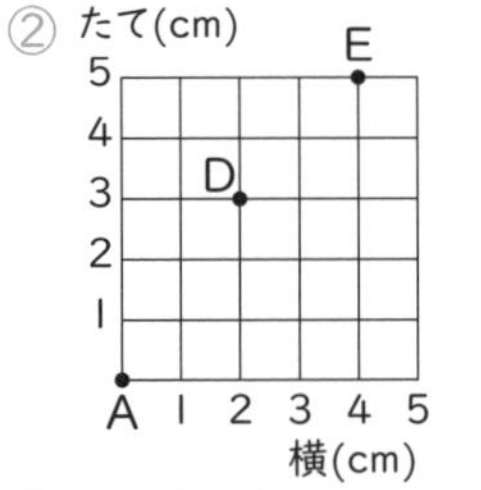

3 点B…2，0，4
点C…4，3，2

アドバイス 1 直方体《ちょくほうたい》の向かい合った面は平行で，となり合った面は垂直《すいちょく》になります。

38 かくにんテスト④　(39ページ)

1 ①$\frac{13}{5}\left(2\frac{3}{5}\right)$　②8
③$\frac{4}{9}$　④$2\frac{1}{4}\left(\frac{9}{4}\right)$

2

千の位《くらい》まで	上から2けた
1000	1400
295000	300000

3 ①□×3＝○（○÷□＝3，○÷3＝□）
②42 cm

4 ①33.6　②224　③249.48

5 ①27.6　②0.35　③0.75

6 ①辺《へん》クキ　②面㋓
③面㋐，面㋒，面㋓，面㋕

英　語

1 野菜《やさい》 （40ページ）

2

			②		③	
	a	s	f	c	o	p
①	t	o	m	a	t	o
	n	n	j	r	g	t
	k	i	b	r	e	a
	c	o	r	o	i	t
	q	n	m	t	l	o
		④				

3 ①

②

読まれた音声
3 ①corn　②cabbage

アドバイス　**1**carrotはrが2回続くことに注意しましょう。
2tomatoとpotatoは音やつづりがにているので注意しましょう。

2 色《いろ》 （41ページ）

2

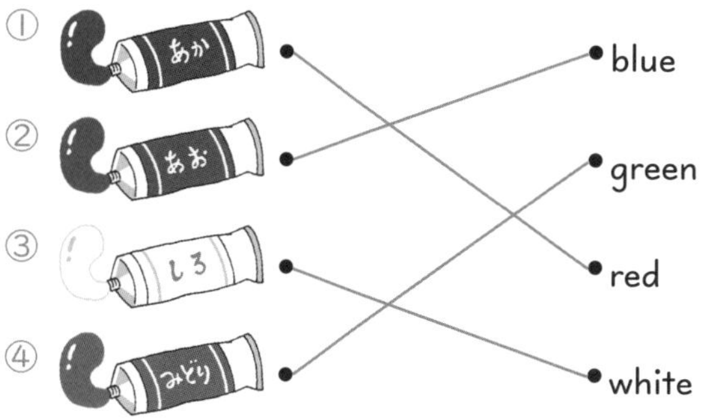

3 ②→④→③→①

読まれた音声
3black, blue, white, yellow

アドバイス　**3**blueとblackは最初《さいしょ》の音がにているので注意しましょう。

3 動物《どうぶつ》 （42ページ）

2 ①

cat / dog

②

elephant / horse

③

bear / **panda**

④

bear / **horse**

3

a	d	i	c
b	o	g	a
j	g	z	t
b	e	a	r

読まれた音声
3dog, bear

アドバイス　**3**bearのearの音に注意しましょう。

4 数《かず》 （43ページ）

2
① **ten**　two
② five　**seven**
③ eleven　**twelve**
④ **fifteen**　thirteen
⑤ eighteen　**twenty**

3
① ★☆☆☆☆☆☆☆☆☆
② ★★★☆☆☆☆☆☆☆
③ ★★★★★★☆☆☆☆
④ ★★★★★★★★☆☆
⑤ ★★★★☆☆☆☆☆☆

読まれた音声

3 ① one　② three　③ six
④ eight　⑤ four

アドバイス　2 twelveやtwentyのつづりに注意しましょう。

5 曜日《ようび》　(44ページ)

2 ① テニスの練習　(Tuesday ／ Thursday)
② イヌの散歩《さんぽ》当番 (Monday ／ Thursday)
③ 英会話《えいかいわ》教室　(Wednesday ／ Friday)
④ 買い物　(Saturday ／ Sunday)

アドバイス　2 TuesdayとThursday, SaturdayとSundayはにているので注意しましょう。

6 スポーツ　(45ページ)

2 ① ② ③

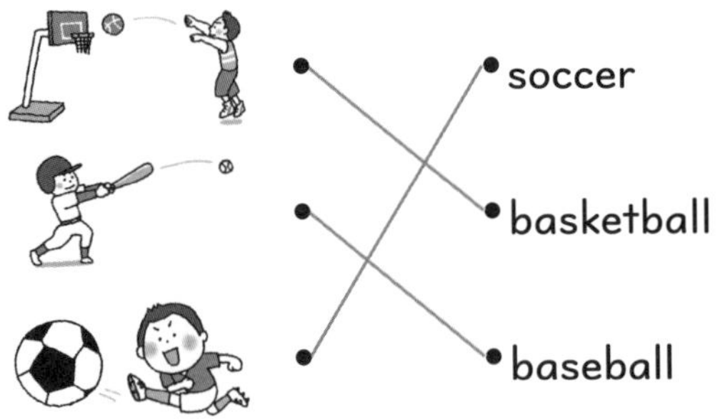

3

読まれた音声

3 table tennis, volleyball

アドバイス　2 soccerはcが２回続くことに注意しましょう。

7 教科　(46ページ)

2 ① m　② i

3 ① ②

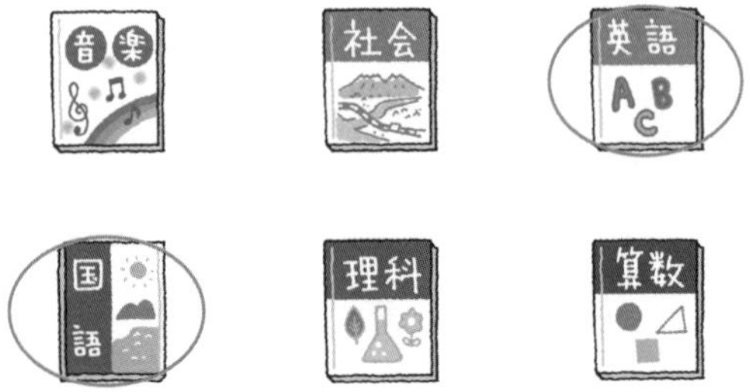

読まれた音声

3 ① music, social studies
② science, math

アドバイス　2 scienceのつづりに注意しましょう。

8 かくにんテスト　(47ページ)

1 ① ② ③

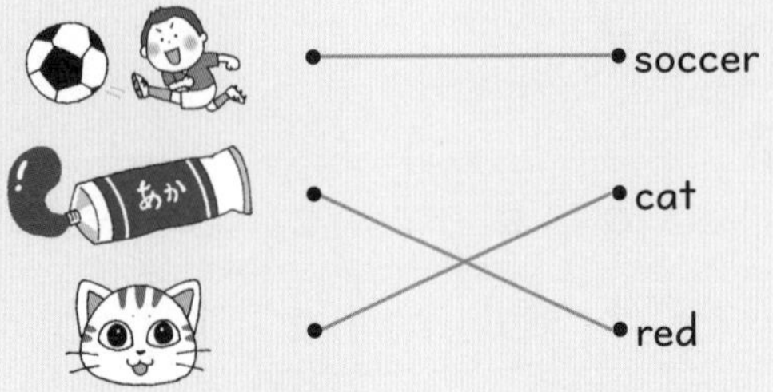

2 ① 2　② 4　③ 3

3 ① オ　② ウ　③ イ

4 ① ②

読まれた音声

4 ① volleyball　② elephant

アドバイス　2 onionは「タマネギ」, carrotは「ニンジン」, potatoは「ジャガイモ」, tomatoは「トマト」という意味。

3 scienceは「理科」, Wednesdayは「水曜日」, mathは「算数」, Fridayは「金曜日」, Englishは「英語」という意味。

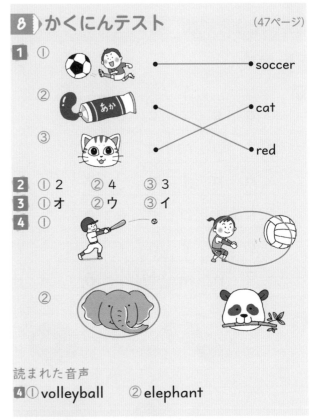

社会

1 わたしたちの県《けん》 (48ページ)

1 ①秋田県《あきたけん》　②仙台《せんだい》（市）
③㋐○　㋑×
④奥羽山脈《おううさんみゃく》

2 ①(あ)九州新幹線《きゅうしゅうしんかんせん》　(い)山陽《さんよう》新幹線　②ア
③（福岡県《ふくおかけん》）ウ　（岡山県《おかやまけん》）イ

アドバイス **1**　③㋑宮城県《みやぎけん》は県の中央に平野が広がり，西部に山が多い地形です。④奥羽山脈は，東北《とうほく》地方の中央を南北に連《つら》なるけわしい山脈です。
2　①(あ)の九州新幹線は福岡県と鹿児島県《かごしまけん》，(い)の山陽新幹線は福岡県と大阪府《おおさかふ》を結《むす》んでいます。②イの神戸港《こうべこう》は兵庫県《ひょうごけん》，ウの水島港《みずしまこう》は岡山県にある港です。③アのさくらんぼは，山形県《やまがたけん》で生産《せいさん》がさかんです。

2 水はどこから① (49ページ)

1 ①(あ)（およそ）4500（万m^3）
(い)（およそ）35（万人）
②(う)9倍　(え)7倍　③水道管《すいどうかん》

2 ①川　②じょう水場
③㋐－エ　㋑－イ
④水質《すいしつ》けんさ

アドバイス **1**　②1950年の給水量《きゅうすいりょう》はおよそ500万m^3，人口はおよそ5万人であることから計算します。③グラフから，水道管のきょりはのび続《つづ》けていることがわかります。
2　④じょう水場では，細きん，にごり，におい，有害物質《ゆうがいぶっしつ》などをけんさして，飲んでも体に害がないかを調べています。

3 水はどこから② (50ページ)

1 ①ダム（ちょ水池）　②ウ
2 ①○　②×　③○　④×
3 ①㋐×　㋑○　㋒×　②節水《せっすい》
4 ①下水しょり場（下水しょりしせつ）
②（水の）じゅんかん

アドバイス **1**　②ダムは水力発電に利用《りよう》されることもあります。川の水を取り入れてきれいにし，家や学校に送るのは，じょう水場のはたらきです。
2　③上流に森林がないと，雨水がすぐ流れてしまうため，こう水が起こりやすくなります。④手入れをせずに森林があれてしまうと，根がはれなくなったり草木がかれたりして，土が流れ出し，水をたくわえるはたらきがおとろえてしまいます。
3　①㋐じゃ口はこまめにしめるようにしましょう。㋒車をあらうときは，バケツに水をくんであらうと，よぶんな水を使わずにすみます。
4　①水再生《さいせい》センター，じょう化センターなどとよぶこともあります。

4 ごみのしまつと利用《りよう》① (51ページ)

1 ①分別《ぶんべつ》　②(あ)－イ　(い)－ア　(う)－ウ
③㋐リサイクルプラザ　㋑原料《げんりょう》

2 ①【例《れい》】ごみをもやす　②発電
③しゅう集車（ごみしゅう集車）
④中央せいぎょ室
⑤しょぶん場（最終《さいしゅう》しょぶん場）

アドバイス **1**　②ごみのよび名や分別のしかたは，市（区）町村ごとにちがいます。ホームページなどでかくにんしましょう。③つくり直したり，原料にもどしたりして，もう一度使えるようにすることを，リサイクルといいます。
2　④中央そうさ室などとよばれることもあります。⑤うめ立て場などとよばれることもあります。

5 ごみのしまつと利用② (52ページ)

1 ①もえるごみ　②5倍
2 ①ア　②ウ　③エ　④イ
3 ①㋐○　㋑×　㋒○
②㋐リユース　㋑リデュース　㋒リサイクル

アドバイス **1**　②もえるごみの量は15万トン，しげん物の量は3万トンです。
2　あきかんは鉄こう・鉄板などの鉄製品《せいひん》や再生かん，あきびんは再生びんやガラス製品，紙パックはトイレットペーパー，ペットボトルは服やプラスチック製品などに生まれ変《か》わります。
3　①㋑フリーマーケットの品物にはまだ十分に使えるものがあります。ぜひ利用しましょう。②リユース，リデュース，リサイクルの英語《えいご》の頭文字をとって，「3R《スリーアール》」とよんでいます。

6 かくにんテスト① (53ページ)

1 ①米　②こけし
2 ①【例】雨水をたくわえて，少しずつ流し出すはたらきがあるから。
②㋐－イ　㋑－エ
3 ①○　②×　③○　④×
4 ①ウ　②イ

アドバイス **1**　曲げわっぱは，秋田県の大館市《おおだてし》でつくられている伝統的工芸品《でんとうてきこうげいひん》です。
2　②イはじょう水場，エは下水しょり場（下水しょりしせつ，水再生センター，じょう化センター）です。
3　②中央せいぎょ室は，少ない人数でコンピューターを使い，工場を管理《かんり》しています。④体に害《がい》のあるものを取りのぞいてから出しています。

7 災害《さいがい》からくらしを守る① (54ページ)

1 ①イ　②ア　③ウ
2 ①イ，エ（順番《じゅんばん》はちがっていても正かい。）
②イ　③㋐171　㋑伝言《でんごん》
3 ①ア
②防災倉庫《ぼうさいそうこ》（備蓄倉庫，防災備蓄倉庫）

アドバイス 1 ①はこう水のひ害《がい》，②は火山ばいによるひ害です。③は，地震《じしん》の強いゆれでくずれた建物《たてもの》です。
2 ①イはひじょう食，エはけいたいラジオです。②エレベーターはとじこめられる心配があるので，地震のときは使わないようにしましょう。
3 ①ほかにも，役所からのじょうほうを住民《じゅうみん》にすばやく伝《つた》えたり，たき出しを行ったりする活動をしています。イは気象台《きしょうだい》，ウは市などが行います。②防災倉庫は，国や県《けん》，地いきによって管理《かんり》されています。

8 災害からくらしを守る② (55ページ)

1 ①防災《ぼうさい》計画（地いき防災計画）
②㋐災害対さく本部　㋑自衛隊《じえいたい》　㋒消防
③ア，ウ（順番はちがっていても正かい。）
④イ
2 ア，エ（順番はちがっていても正かい。）

アドバイス 1 ③ほかにも，ラジオや広報車《こうほうしゃ》，ＳＮＳ《エスエヌエス》など，さまざまな方法《ほうほう》で伝えるようにしています。イの緊急地震速報《きんきゅうじしんそくほう》は，気象庁《きしょうちょう》が地震の発生直後に出すじょうほうで，テレビやけいたい電話などを通じて，強いゆれが来ることを知らせます。
2 アは津波《つなみ》のときにひなんする津波ひなんタワー，エは津波を食い止める防潮堤《ぼうちょうてい》です。イは家具の転とう防止グッズ，ウは地震のゆれに強くした建物です。

9 残《のこ》したいもの　伝《つた》えたいもの (56ページ)

1 ①㋐文化ざい　㋑いわれ
②イ，ウ（順番はちがっていても正かい。）
2 ①○　②×　③○
3 ①年中行事　②（節分《せつぶん》）イ　（七五三）ア

アドバイス 1 ①㋑八ツ鹿《やつしか》おどりはおめでたいおどりで，「よいことがたくさんありますように。」という願《ねが》いがこめられています。
2 ②阿波《あわ》おどりには，決まったリズムに合わせて，左手と左足，右手と右足をそれぞれ同時に動かす基本《きほん》の動きがあります。また，人びとは連《れん》というまとまりをつくり，全員が気持ちを一つにしておどります。
3 節分は２月，七五三は11月に行われます。

10 きょう土をひらく① (57ページ)

1 ①エ→イ→ウ→ア　②イ　③イ
2 あ－ウ　い－エ　う－イ　え－ア

アドバイス 1 通潤橋《つうじゅんきょう》は，熊本県《くまもとけん》山都《やまと》町の白糸《しらいと》台地にあります。深い谷に囲《かこ》まれ，水不足になやんでいた白糸台地に水を引くためにつくられました。
2 見沼代用水《みぬまだいようすい》は，見沼新田（今の埼玉県《さいたまけん》さいたま市）に水を引くためにつくられた用水路です。川と交差《こうさ》する場所は，川の上に橋をかけて水を通す「かけとい」や，川の底《そこ》より下に水路をつくって水を通す「ふせこし」のくふうをしました。また，すでに流れていた川と合流させるなどのくふうも行い，工事を始めてから１年もたたないうちに用水路は完成《かんせい》しました。

11 きょう土をひらく② (58ページ)

1 ①㋐高さ　㋑落ちる
②【例《れい》】水のいきおいが強く，管《かん》がこわれてしまったから。
③㋐×　㋑○
2 ①等高線　②あ
③う100（ｍ）　え300（ｍ）　④イ

アドバイス 1 ①高さの差が大きいほど，水が落ちる力は強くなり，橋より高いところへ水をふき上げさせることができます。
2 ②その土地のかたむきは，等高線の間かくを見るとわかります。あのしゃ面のように等高線の間かくがせまいと，土地のかたむきは急になっています。④300ｍ以上《いじょう》の高さのところが２つにわかれているものを選《えら》びます。

12 かくにんテスト② (59ページ)

1 ①エ　②ア　③イ　④ウ
2 ①きょう土芸《げい》のう（伝統《でんとう》芸のう）
②【例】子どもたちに受けついでいってもらいたいという願い。
3 ①米　②あ－イ　い－ア
4 ①高さ　②ゆるやか

アドバイス 1 ③地震では津波が発生することもあるので，津波ひなんタワーや防潮堤をつくるなどの対さくも必要《ひつよう》です。
2 きょう土芸のうのおどりや音楽には，それを受けついできた人びとの願いや思いがこめられています。
3 ②図のアのくふうを「かけとい」，図のイのくふうを「ふせこし」といいます。

13 特色《とくしょく》ある地いきと人々のくらし① （60ページ）

1 ①ふえている　②留学生《りゅうがくせい》　③姉妹《しまい》
④ア，ウ（順番《じゅんばん》はちがっていても正かい。）

2 ①イ，エ（順番はちがっていても正かい。）
②ウ→ア→イ　③伝統的工芸品《でんとうてきこうげいひん》

アドバイス **1** 仙台観光国際協会《せんだいかんこうこくさいきょうかい》（SenTIA《センティア》）は，外国人留学生の中からせんだい留学生交流委員を決めて，外国人住民《じゅうみん》の生活を手助けしたり，地いき住民と交流を深めたりしています。

2 ①イ備前《びぜん》市のあたりでは，原料《げんりょう》となる鉄分の多い土がとれます。また，燃料《ねんりょう》に使う赤松も豊富《ほうふ》でした。②アは手やろくろを使って，備前焼《びぜんやき》の形をつくっているところ，イはかまで備前焼を焼《や》いているところ，ウは原料の土をねってかたさをそろえ，土の中の空気をぬいているところです。

14 特色ある地いきと人々のくらし② （61ページ）

1 ①ウ
②ア，ウ（順番はちがっていても正かい。）
③景観《けいかん》　④イ

2 ①ア，ウ（順番はちがっていても正かい。）
②ウ　③㋐高さ　㋑電線

アドバイス **1** ①松島《まつしま》はたくさんの島があり，景色が美しく，昔から有名な観光地でした。アは広《ひろ》島県《しまけん》の厳島《いつくしま》（宮島《みやじま》）にある厳島神社です。イは青森《あおもり》県《けん》と秋田県《あきたけん》のさかいにある白神《しらかみ》山地で，ぶなの原生林が広がり，世界自然遺産《しぜんいさん》に登録《とうろく》されています。②ウの天橋立《あまのはしだて》は京都府《きょうとふ》にあります。

2 ②菅原道真《すがわらのみちざね》は，約1100年前に，京都の都《みやこ》で国の重要《じゅうよう》な仕事をつとめ，太宰府《だざいふ》に来てなくなりました。「学問の神様」として有名です。③どちらも参《さん》道《どう》の景観を守るための取り組みです。

15 特色ある地いきと人々のくらし③ （62ページ）

1 ①雄勝《おがつ》すずり（すずり）　②エ　③ウ
④ア，イ（順番はちがっていても正かい。）

2 ①イ　②【例《れい》】きょりが近いから。
③国旗《こっき》
④（例）さまざまな国の言葉で書かれている。

アドバイス **1** ②近くの山でとれる原料の雄勝石は，なめらかで，うすくわれる特ちょうをもっているため，すずりをつくるのに向いています。③東日本大震災《だいしんさい》で発生した津波《つなみ》により，工房《こうぼう》や道具が流されてしまいました。④ウ2020年４月開業予定の伝統産業《でんとうさんぎょう》会館を中心に，雄勝すずりづくりを残《のこ》し伝《つた》えていこうとしています。

2 ②福岡《ふくおか》市は，東京《とうきょう》よりも韓国《かんこく》や中国《ちゅうごく》の都市に近いところにあります。④ほかにも，宗教《しゅうきょう》上の理由で食べ物にきまりがあるイスラム教の人のために，レストランのガイドマップをつくっています。

16 かくにんテスト③ （63ページ）

1 ①㋒　②国際《こくさい》
③（登米《とよま》町）イ　（松島町）ウ　（雄勝町）ア

2 ①ア　②イ　③かま

3 ①韓国，中国　②ウ

アドバイス **1** ①㋐は気仙沼《けせんぬま》市，㋑は大崎《おおさき》市，㋓は白石《しろいし》市です。③アは雄勝すずり，ウは松島湾《わん》の景色です。登米《とめ》市の登米町には，イの教育資料館《しりょうかん》など，明治《めいじ》時代につくられた建物《たてもの》が多く残っています。

2 ①イの瀬戸焼《せとやき》は愛知県《あいちけん》，ウの伊万里《いまり》・有田焼《ありたやき》は佐賀県《さがけん》でつくられています。

3 福岡県では，福岡空港のほかに，博多港《はかたこう》からも多くの外国人が入国します。

理　科

1 春の生き物のようす　(64ページ)

1 ①　イ→ア→ウ
②　Ⓘ
③　Ⓐ
④　ウ
⑤　イに○

アドバイス　アのⒶは，これから数がふえ，大きさも大きくなっていく葉です。Ⓘは，子葉です。ヘチマを植えかえるときは，葉の数が3〜4まいになったころで，根についた土はつけたまま，大きいはちやプランター，花だんなどに植えかえます。植えかえたあと，水やりをわすれないようにしましょう。

2 ①　ア…よう虫　　イ…成虫《せいちゅう》
②　ア…（オオ）カマキリ　　イ…アゲハ
③　たまごを産《う》んでいる（産卵《さんらん》）。

3 アに○

2 電流のはたらき　(65ページ)

1 ①　ア…あ　　イ…い
②　き

アドバイス　電流は，＋極《プラスきょく》から，モーターを通って－極《マイナスきょく》へ流れます。

2 ア…へい列（つなぎ）
イ…直列（つなぎ）

3 ①　ア（と）イ
②　ア（と）イ
③　ウ
④　反対になる。

アドバイス　かん電池２こを直列つなぎにすると回路に大きい（強い）電流が流れ，豆電球は明るくつき，モーターは速く回ります。

4

スイッチ	豆電球	かん電池
		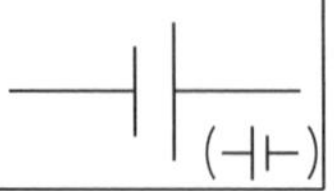

3 流れる水のゆくえ　(66ページ)

1 ①　㋐　②　㋐　③　イ

アドバイス　バットの中のビー玉は㋐の方向に集まっているので，地面が低《ひく》くなっている方向は㋐の方向であることがわかります。雨水は，地面の高いところから低いところへ流れていくので，㋑の方向から㋐の方向へ流れていくと考えられます。

2 ①　運動場　②　地面（地下）

3 ①　運動場の土…小さい
すな場のすな…大きい
②　大きい

4 ①　土しゃ　②　天気

4 天気と気温の変化《へんか》　(67ページ)

1 ①　できない。
②　温度計に，直せつ日光が当たっているから。
③　㋐　風通し　㋑　当たらない
㋒　1.5
④　百葉箱《ひゃくようばこ》　⑤　雲（の量）
⑥　晴れ

2 ①　イ
②　雨の日は，1日の気温の変化が小さいから。
③　午後
④　日の出前
⑤　イ

アドバイス　晴れの日は，1日の気温の変化が大きく，グラフが山の形になります。1日の気温の変化が小さいグラフは，雨かくもりの日です。

5 かくにんテスト①　(68ページ)

1 ①　イ
②　ささえのぼうを立てる。（し柱《ちゅう》を立てる。）
③　高くなった（上がった）。

2 イ

アドバイス　くもりの日の1日の気温は，変化が小さく，グラフはほぼ平らになっています。

3 ①　イ，ウ，オ
②　ア
③　ウ

4 ①　高い　②　低い　③　大きい

6 夏の生き物のようす　(69ページ)

1 エに○

アドバイス　気温は，春から夏にかけて上がっていきます。それにつれて，ヘチマのくきの長さも大きくなっていきます。

2 ①　ツルレイシ
②　ア

アドバイス　アもイもツルレイシの花ですが，実になるのは，花の根もとの部分がふくらんでいるア（め花《ばな》）のほうです。

3 ①　トノサマバッタ
②　よう虫
③　ふえた。

アドバイス　トノサマバッタがよう虫か成虫《せいちゅう》かを見分けるには，はねの長さ（大きさ）を見ましょう。はらの先まではねが育っているときは，成虫です。

4 ①　ア→ウ→イ
②　イ
③　ちがう。

7 星の明るさと色や動き （70ページ）

1 ① 東
② 夏の大三角
③ 1等星
④ い
⑤ 白っぽい
⑥ はくちょうざ

アドバイス イはわしざのアルタイル，ウはことざのベガです。ア，イ，ウの星の色はどれも同じような色で，白っぽい色をしています。

2 ① 南
② ウ
3 イ，ウに○

アドバイス 星や星ざは，時間がたつと見える位《い》置《ち》は変《か》わりますが，ならび方は変わりません。

8 月の動き （71ページ）

1 ① 満月…イ　半月…ウ　三日月…ア
② イ
③ ウ
④ い
⑤ うに○
2 ① いに○
② 南
3 ① あ…東　い…南　う…西
② ア

アドバイス 月の形は，毎日少しずつ変わります。新月《しんげつ》の日から3日目ごろの月を三日月《みかづき》といいます。

9 とじこめた空気や水 （72ページ）

1 ① イ
② イ
③ あ
④ あ

アドバイス とじこめた空気のせいしつは，次のようになります。
・とじこめた空気をおすと，空気の体積《たいせき》は小さくなる。
・とじこめた空気を強くおすほど，空気の体積は小さくなり，手ごたえは大きくなる。
・とじこめた空気をおすのをやめると，空気の体積はもとの大きさにもどる。

2 ウ，エに○
3 ① イ
② あ
③ 空気，空気

アドバイス とじこめた水をおしても，水の体積は変わりません。

4 イに○

10 かくにんテスト② （73ページ）

1 ① ウ
② ア
③ ウ
④ （おしちぢめることは）できない。
2 ①，②に○
3 ① さそりざ
② アンタレス
③ あに○
4 ① 順《じゅん》に，東，南，西
② 順に，東，南，西
③ 太陽

アドバイス 月も太陽も，東から出て，南の空高くを通り，西へしずみます。

11 秋の生き物のようす （74ページ）

1 ① ウに○
② イに○

アドバイス 秋のころ，ヘチマと同じように，ヒョウタンやツルレイシも，葉やくきはかれ始めています。実がじゅくして，中にはたねができています。

2
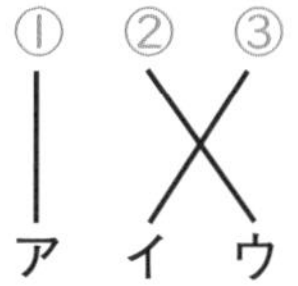

3 ① イ
② かれて落ちる。（同じようなことが書けていれば正答とします。）
4 ① ア…たまごを産んでいる。
イ…たまごを産んでいる。
② 見られない（見られなくなる）。

12 動物のからだのつくりと運動 （75ページ）

1 ① ㋒
② ささえる
③ イ，エ，オ，キ，ケに○
④ ア
⑤ イ
⑥ ア
2 とびはねる，ありに○

アドバイス 動物も人と同じように，ほねや関節，きん肉でからだをささえたり，動かしたりします。

13 ものの温度と体積《たいせき》 （76ページ）

1 ① あに○
② イ
③ ウ
④ 順《じゅん》に，大きく，小さくを○でかこむ。

アドバイス 空気は，あたためると体積《たいせき》が大きくなり，冷《ひ》やすと体積が小さくなります。

2 ① あ
② い

アドバイス 水は，あたためると体積が大きくなり，冷やすと体積が小さくなります。

3 ① 通りぬけない。
② 通りぬける。

アドバイス 金ぞくは，あたためると体積が大きくなり，冷やすと体積が小さくなります。
温度による体積の変《か》わり方は，大きい順《じゅん》に，空気，水，金ぞくとなります。

14 かくにんテスト③ （77ページ）

1 ① ㋐→㋑→㋒
② カ…あ　キ…う　ク…い
2 （よう器は）ふくらむ。（ふくらんだ。）
3 ア…×　イ…×　ウ…×　エ…○
4 イ
5 ① 関節　② ア

15 もののあたたまり方 （78ページ）

1 ① イ→ウ→ア→エ
② き

アドバイス 金ぞくは，熱《ねつ》せられたところから順に遠くのほうへあたたまっていきます。

2 ① ア
② 上へ動く。

アドバイス 次のように水は動きながら，全体があたたまっていきます。

・温度の高い水は上がり，温度の低《ひく》い水は下がる。温度の高くなった水が上へ動くことで，上にあった水をおし下げる。おし下げられた水は下であたためられることで，また上へ動く。このように上と下が入れかわりながら，水全体があたたまっていく。

3 ① い→あ→う
② ウ
4 ① ア
② ウ

16 冬の生き物のようす （79ページ）

1 ① かれている。
② かれている。
③ アに○

アドバイス ③イチョウやアジサイは，冬は葉を落として冬芽《ふゆめ》（花になる芽と葉になる芽）のすがたですごしています。ヘチマやツルレイシは，たねで冬をこします。

2 ① ついていない。
② 芽（冬芽）
③ かれない。

アドバイス サクラは，寒くなると葉を落とします。かれるのは葉だけで，木は生きて冬をこします。えだには，冬芽があります。

3 ① あ…アゲハ　い…オオカマキリ
② あ…さなぎ　い…たまご
4 日光に○

アドバイス タンポポやメマツヨイグサなどの植物は，日光がよく当たるように葉を広げて（ロゼットという）冬をこします。

17 水のすがたとゆくえ （80ページ）

1 ① イ
② 水（水のつぶ，水てき）
③ じょう発
2 ① 温度
② 固体
3 ① ア…湯気（水）　イ…水じょう気
ウ…水じょう気
② ア…えき体　イ…気体

アドバイス 水じょう気のすがたを気体といいます。湯気は水じょう気が冷えて水のつぶになって目に見えるようになったもので，えき体です。

4 ① 0℃
② 下がり続ける。

18 かくにんテスト④ （81ページ）

1 ① イ
② ウ
③ 順にとけていく。
2 イ→ウ→オ→エ→ア
3 ① ウ
② あたたかいところ

アドバイス カエルは冬になると，体温が下がって動けなくなるので，土の中で冬ごしをして春をまちます。

4 ① ふっとう石
② 100℃
③ 変わらない。（上がらない。）
④ へる。（少なくなる，なくなる。）

国語

1 気持ちの変化《へんか》を読み取ろう① (82ページ)

■ ①兵十のおっかあ。
②1（赤いさつまいもみたいな）元気のいい顔。
2〈例《れい》〉しおれた顔。
③ア　④イ
⑤〈例《れい》〉兵十がつかまえていたうなぎを、取ってきてしまういたずら。　⑥ウ

アドバイス ■　②1「赤いさつまいもみたいな」は、血色がよく、元気のいい顔をたとえた言葉です。　④ごんは、「……うなぎが食べたいと言ったにちがいない。」と考えています。　⑤「わしがいたずらをして、」よりあとの部分に注目しましょう。⑥ごんが、「あんないたずらをしなけりゃよかった。」と後かいしていることをとらえましょう。

2 気持ちの変化《へんか》を読み取ろう② (83ページ)

■ ①（二人きりの、）まずしいくらし。
②〈例《れい》〉おっかあが死んでしまったから。
③ウ　④ア　⑤イ
⑥うなぎのつぐない

アドバイス ■　①・② 兵十《ひょうじゅう》は、これまでおっかあと二人きりでまずしいくらしをしていましたが、おっかあが死んだので、一人になってしまったのです。　③「おれと同じ」とあることに注目します。ごんは、兵十の身を、自分と重ねて思いやっています。　⑤・⑥「つぐない」とは、「めいわくをかけたことに対してのうめ合わせのために、相手に何かをすること」です。ごんは、いわしを兵十へのつぐないの品にしたつもりなのです。

3 漢字を読もう書こう① (84ページ)

1 ①なんきょくたいりく・む
②にいがたおき・りょう　③なかま・くわ
④いど・しお　⑤ながさき・とうだい
⑥あさ　⑦さいたま・ねんが

2 ①アこうりょう　イかお
②アたにそこ(たにぞこ)　イていへん

3 ①客・荷物　②感想・発表　③急箱・用意
④入学式・写真　⑤早起・勉強　⑥君・相談
⑦身長

4 ①曲げる　②仕える

アドバイス 1　②・⑤・⑦4年生では日本の都《と》道府県《どうふけん》名の漢字をたくさん習います。「潟《かた》」などむずかしい漢字もありますが、まとめて覚《おぼ》えておきましょう。

3　すべて3年生までに習った漢字です。しっかり書けるようにしておきましょう。

4 漢字を読もう書こう② (85ページ)

1 ①はくぶつかん・いちおく
②くまもと・かごしま
③おおさか・きょうりょく　④とちぎ・なし
⑤がっしょう　⑥なお
⑦どうとく　⑧しん　⑨ぶんき

2 ①アちあん　イおさ　②アうせつ　イお

3 ①北極・陸地　②漁船・底　③香川　④塩分
⑤年賀・加　⑥浅・井戸　⑦孫
⑧新潟・灯台

4 ①ア仲　イ沖　②ア崎　イ埼
③ア群　イ郡　ウ君

アドバイス 2　①「治」には「なお(る)・なお(す)」の訓もあります。

4　にた漢字にはこの他にも、「科と料《りょう》」「先と失《しつ》」「天と夫《ふ》」「名と各《かく》」などいろいろあるので、区別《くべつ》して覚《おぼ》えましょう。

5 漢字の組み立て／漢字辞典《じてん》の使い方 (86ページ)

1 ①ウ・カ　②ア・キ　③エ・ク　④イ・オ

2 ①持　②答　③頭　④道

3 ①イ　②ウ　③ア

4 ①3・3　②2・8　③4・9　④4・2
⑤6・3

アドバイス 4　部首名は、①うかんむり、②ちから、③こころ、④おいかんむり、⑤いとへん。漢字全体の画数も覚《おぼ》えておきましょう。

6 漢字を読もう書こう③ (87ページ)

1 ①もくひょう・せいしょ　②や・まんぞく
③さくや・ひ　④ざいりょう・きかい
⑤まつばやし・ぼくじょう　⑥のこ　⑦はた

2 ①アうめ　イばいにく
②アふだ　イしんさつ

3 ①一億　②大阪・博物館　③熊・鹿
④分岐・右折　⑤梨・方法　⑥治安
⑦信用・協力

4 ①積もる　②続ける

アドバイス 2　②「札」は「礼」と形がにているので、まちがえないように注意しましょう。

4　①「積《つ》もる」の送りがなは、「積む」という場合の読みを手がかりにします。

7 漢字を読もう書こう④ （88ページ）

1 ①いばら・つづ　②せっきょくてき
③くん　④ちょっけい　⑤しゅくしょうかい
⑥ち・たね　⑦さが・とくさん
⑧きゅうしょく・せつめい

2 ①アこころ　イしあい
②アむす　イけっきょく

3 ①食材・残　②札・機械　③牧場　④満足
⑤昨年・目標　⑥松林・梅林　⑦国旗

4 ①焼ける　②冷たい　③清める　④満ちる

アドバイス 3　②の「機」と「械」、⑤の「標」、⑦の「旗」など画数が多くてまちがえやすい漢字は、何度も書いてしっかり覚《おぼ》えましょう。

8 かくにんテスト① （89ページ）

1 ①1（また）いたずらをしに来た（と思った）。
2〈例《れい》〉くりを置きに（あげに）来た。
②イ　③1イ　2ウ

2 ①調　②動　③察　④思

3 ①仲間・協力　②訓練・続　③塩分・加

アドバイス 1　①1　兵十《ひょうじゅう》は、以前《いぜん》にいたずらをしたごんぎつねが、またいたずらをしに来たと思ったのです。2　兵十が、見たことと、言ったことから考えて答えましょう。　②「ばたり」は、あるてい度の大きさの物がたおれたり、落ちたりしたときの様子を表す言葉です。　③ごんがいたずらをしに来ていると思ったときと、ごんがいつもくりを持って来てくれていたとわかったときの、気持ちの変《へん》化《か》をとらえましょう。

2　①は「へん」、②は「つくり」、③は「かんむり」、④は「あし」の部分が、それぞれ部首に当たります。

9 だん落のつながりを読み取ろう① （90ページ）

①根・葉　②ウ　③砂ばく・やせ地
④〈例《れい》〉気孔から水分が外にでるのをふせぐため。
⑤水分

アドバイス　②ウの「ところが」は、前の内《ない》容《よう》と反対の内容があとに続《つづ》く場合に用いられます。　③「このような」は直前の「そんな」が指ししめすものと同じで、「また」でつながれた「めったに雨のふらない砂《さ》ばく」と「養分《ようぶん》のすくないやせ地」のことです。　④直後に「これは……ためです。」とあります。

10 だん落のつながりを読み取ろう② （91ページ）

①虫・プランクトン・食べる
②〈例《れい》〉（水分はあっても）養分のすくない
③ウ　④ウ
⑤〈例《れい》〉日光のたすけをかりて（炭酸同化作用をして）、葉で養分をつくりだしているから。

アドバイス　①「つまり」というつなぎ言葉のあとに言いかえられています。　②1だん落の最《さい》初《しょ》に書かれている内容《ないよう》を、「きびしい環境《かんきょう》」とのべています。　③2だん落に書かれている内容をおさえましょう。　④1だん落と2だん落で食虫植物について説明《せつめい》し、3だん落では、食虫植物にとって、虫をとるとはどういうことなのかをまとめています。

11 漢字を読もう書こう⑤ （92ページ）

1 ①じっけん・せいこう　②はじ・えひめ
③ふくおんせい　④いんさつ
⑤かいぎしつ・か　⑥かがみ・ぶんべつ
⑦ほうかご・しず　⑧きろく・だいしょうり

2 ①アひるめし　イせきはん
②アゆびわ　イしゃりん

3 ①積極的　②訓練・説明　③給食
④茨城・特産　⑤試合・続　⑥結果・祝

4 ①敗れる　②改める　③散らかす　④願う

アドバイス 4　③「散らかす」の送りがなは、「散る」という場合の読みを手がかりにします。

12 漢字を読もう書こう⑥ （93ページ）

1 ①かんさつ　②さつかん・ねっしん
③ざいりょう・じゅん
④かいりょう・かんぜん
⑤じしょ・しゅるい
⑥なら・ねが　⑦か・しっぱい

2 ①アち　イさんぽ　②アたたか　イさくせん

3 ①試験・初日　②成功・記録　③勝利
④愛媛　⑤分別・課題　⑥会議・印刷

4 ①ア副　イ福　②ア飯　イ反　③ア静　イ清

アドバイス 3　②「録」は「緑」と形がにているので注意しましょう。

13 つなぎ言葉／いろいろな意味をもつ言葉 （94ページ）

1 ①イ　②イ　③ア　④イ　⑤ア

2 ①エ　②ア　③ウ　④イ

3 ①エ　②イ　③ア　④カ　⑤ウ　⑥オ

4 ①かける　②すむ　③たつ　④とまる

アドバイス 3　同じ読みの言葉でも、いろいろな意味をもっているものがたくさんあります。漢字で書くと意味がわかるものが多いので、漢字も調べてしっかり覚《おぼ》えるようにしましょう。

14 漢字を読もう書こう⑦ (95ページ)

1 ①なわ・す ②じどう・わら
③えいたんご・ねん ④ろうじん・むりょう
⑤きかん・せつ ⑥しぜん・め
⑦ちょうこう ⑧がくげいかい
2 ①アお イはいち ②アあおな イやさい
3 ①辞 ②作戦・失敗 ③観察
④奈良・親類 ⑤散歩 ⑥外交官
⑦材料・順番
4 ①ア暑い イ熱い
②ア代える イ変える

アドバイス 3 ⑥「官」は「管」とよくにた漢字でまちがえやすいので注意しましょう。

15 漢字を読もう書こう⑧ (96ページ)

1 ①けんこう・えら ②れんぞく・たっせい
③しゅふ・つつ ④ていへん
⑤へんけい・かた
⑥て・あつ ⑦かんしん
2 ①アまちかど イしょうてんがい
②アた イけんこく
3 ①芸・笑 ②天然・山菜 ③英語・置 ④念
⑤老 ⑥児童 ⑦芽・兆候
4 ①ア単 イ巣 ②ア管 イ官

アドバイス 3 ②「天然《てんねん》」は「自然《しぜん》の」という意味です。 ⑦「兆候《ちょうこう》」の意味は「物事が起こることを予想させるようなしるし」です。また、「兆」の書き順《じゅん》は「丿 丬 兆兆」です。

16 かくにんテスト② (97ページ)

1 ①1シャコ貝・〈例《れい》〉まん中でおりたためるつくりになっているから。
2精密機械・〈例《れい》〉確実に虫をとらえるしくみになっているから。
②ウ
③〈例《れい》〉はいりこんだじょうたい
2 ①イ ②ア
3 ①初戦・勝利 ②鏡・固定

アドバイス 1 ①たとえをしめす「〜のように」という言葉に注意しましょう。
2 つなぎ言葉には、前の文とは反対の内容《ないよう》であとの文につなげる「しかし・だが・ところが・けれども」、前の内容をまとめたり言いかえたりする「すなわち・つまり・要《よう》するに」や、前の内容の理由を説明《せつめい》する働《はたら》きの「なぜなら・というのは」、例をしめしてわかりやすくする働きの「たとえば・いわば」などがあります。つなぎ言葉は文章を読んだり、問題をといたりするときのヒントになるので、注意しましょう。

17 様子を思いうかべよう (98ページ)

■ ①うす緑のようふく ②山 ③イ
④雪どけみず・りす・かえる・のねずみ
⑤あ——っはっはっはっは ⑥春

アドバイス ■ ①「うす緑のようふく」は、まだわかい山の草や木をたとえた言葉です。 ④「みんな」とは、「りす・かえる・のねずみ」という生き物だけではなく、「雪どけみず」もふくみます。⑥詩にえがかれている季節《きせつ》を読み取りましょう。二つめの連《れん》にある「雪どけみず」などの言葉から、春になって、活動を始めた山の様子をえがいた詩であることがわかります。

18 表現《ひょうげん》のくふうをつかもう (99ページ)

■ ①ウ ②夏休みは ③ウ ④夏休み ⑤4
⑥〈例《れい》〉もう一度もどってきてほしい。

アドバイス ■ ①直前の「夏休みはいってしまった」という言葉から考えましょう。 ②1の連《れん》は、言葉の順《じゅん》が入れかわっていることに注意しましょう。 ③2の連の初《はじ》めにある「けさ」という言葉に着目しましょう。2の連は、夕立がふった日の、次の日の朝の様子をえがいていることがわかります。 ④よびかけた言葉の直後の表現に着目しましょう。

19 漢字を読もう書こう⑨ (100ページ)

1 ①こてん・いさ ②かくち・へいたい
③いじょう・どりょく ④そつぎょうしき
⑤さんこうしょ ⑥めいれい・ふまん
⑦そうこ・ろうどう
2 ①アあらそ イせんそう
②アともばたら イきょうがく
3 ①健・包帯 ②関心・選 ③建国
④商店街 ⑤岸辺 ⑥照明・固定 ⑦達成
4 ①ア形 イ径 ②ア指 イ差

アドバイス 3 ①「健」と③「建」はよくにた漢字ですが、その由来は、まっすぐ立てるの意味をもつ「建」に「にんべん（亻）」を付《つ》けることによって「まっすぐしっかり立つ人→体がじょうぶであること」の「健」ができたといわれています。⑦「達」の右側《みぎがわ》の部分を「幸」とまちがえないように注意しましょう。
4 同じ読み方をする漢字の中には、形のにた漢字もあります。「（カン）管・官」「（カン）間・関」「（ギョ）魚・漁」「（ケン）建・健」「（シュウ）周・週」「（セイ）青・清・静」「（チ）地・池」「（チュウ）中・虫」「（ヒョウ）票・標」「（フ）付・府」「（ヨウ）羊・洋」などたくさんあるので、区別《くべつ》して覚《おぼ》えておきましょう。

20 漢字を読もう書こう⑩ （101ページ）

1 ①あい・き　②おび・さ
③かいせき・きせつ
④おっと・うしな　⑤ひこうき・おきなわ
⑥ふきん・しょっき
⑦そくてん・な

2 ①アかなら　イひっし
②アつた　イでんごん

3 ①辞典　②各自　③以上・兵隊
④倉庫・労働　⑤共・卒業　⑥不合理・命令

4 ①参り　②勇ましい　③努める

アドバイス 1　③「会席料理《かいせきりょうり》」は、えん会や会食で出されるコース式の日本料理のことです。

4　②「勇《いさ》ましい」は、いきおいが強く、積極的《せっきょくてき》に向かっていく様子です。送りがなは、「勇む」という場合の読みからはんだんします。　③「努《つと》める」は、「力をつくす、努力《どりょく》する」という意味です。「会社につとめる（働《はたら》く）」という意味の漢字とはちがうので注意しましょう。

21 熟語《じゅくご》の意味／慣用句《かんようく》 （102ページ）

1 ①向上　②苦心　③予定　④決心　⑤同意

2 ①悪人・あくにん　②助言・じょげん
③外見・がいけん　④代用・だいよう
⑤学習・がくしゅう

3 ①うま・イ　②ねこ・ウ
③すずめ・エ　④むし・ア

4 ①イ　②ア　③エ

アドバイス 3　生き物は慣用句《かんようく》の他に、ことわざでも多く使われるので、まとめて覚《おぼ》えておきましょう。慣用句やことわざを覚えるときは、「生き物」ばかりを集めたり、「体の部分」「食べ物」「植物」などグループでまとめたりしてもよいでしょう。

22 漢字を読もう書こう⑪ （103ページ）

1 ①あんない・もと　②とみ・えいこう
③みらい・のぞ　④こうぶつ・たと
⑤もっと・ふうけい　⑥きょしき　⑦しめい
⑧せいか・じゅうみん

2 ①アはなたば　イやくそく
②アすえ　イけつまつ

3 ①飛行機・客席　②失敗・泣
③夫・付近　④季節・帯
⑤楽器・伝　⑥沖縄・愛　⑦必死・差

4 ①覚める　②産まれる（生まれる）

アドバイス 1　⑥「挙式《きょしき》」は「式をあげること」ですが、特《とく》に結《けっ》こん式の場合に使われます。
⑧「青果《せいか》」とは野菜《やさい》や果物《くだもの》のことです。

4　①は「覚《さ》める」と「冷《さ》める」の書き分けに注意しましょう。

23 漢字を読もう書こう⑫ （104ページ）

1 ①だいじん・さんち
②ときょうそう・いちい
③たいりょう・でんぴょう
④しが・ぎふ
⑤おかやま・しろ　⑥ひっし・おぼ
⑦いりょう・か

2 ①アやしな　イきゅうよう
②アはぶ　イはんせい

3 ①栄・富　②最初・挙　③希望・結果
④答案　⑤束　⑥景品　⑦好・例

4 ①ア未　イ末　②ア氏　イ民

アドバイス 3　②「挙げる」と「上げる」の書き分けに注意しましょう。

24 かくにんテスト③ （105ページ）

1 ①〈例《れい》〉みんなみんなあつまれ
・みんなでうたえ
②イ　③ア

2 ①返事　②相談　③研究　④勉強　⑤会合

3 ①衣料・倉庫　②器用・束　③案・各自

アドバイス

1　①一つめの連の終わりに「みんなみんなあつまれ」「みんなでうたえ」とあります。このよびかけは、二つめの連の終わりでもくり返されています。
③「むかしはこども」とあるので、子どもに対する、大人のことを指していることがわかります。